我们的探索

——山东海事科学监管“4567”

袁宗祥◎主编

人民交通出版社股份有限公司
China Communications Press Co.,Ltd.

内 容 提 要

本书针对海上生产活动的基本过程，以海上安全监管为切入点，在系统总结提炼山东海事局多年来的监管经验和实践的基础上，运用风险管控、系统分析和哲学归纳的方法，构建了海上科学监管——安全矩阵模型，进而识别了山东沿海安全监管的基本规律，即“四重一关键”，并围绕客运船舶、船载危险货物和恶劣气象海况等特殊性风险的防控分别建立和应用了“五制五关”“六问六控”“七严七防”等长效监管机制。

本书中科学监管的构建路径、理论模型和应用成果，适用于安全生产行业尤其是海事、水运、港口等从业人员参考使用。

图书在版编目（CIP）数据

我们的探索：山东海事科学监管“4567”/袁宗祥主编. —北京：人民交通出版社股份有限公司，2019.1
ISBN 978-7-114-15251-1

Ⅰ.①我… Ⅱ.①袁… Ⅲ.①海事处理—研究—山东
Ⅳ.①D993.5

中国版本图书馆CIP数据核字（2018）第293930号

书　　名：我们的探索——山东海事科学监管“4567”
著 作 者：袁宗祥
责任编辑：张征宇　郭红蕊
责任校对：刘　芹
责任印制：张　凯
出版发行：人民交通出版社股份有限公司
地　　址：（100011）北京市朝阳区安定门外外馆斜街3号
网　　址：http://www.ccpress.com.cn
销售电话：（010）59757973
总 经 销：人民交通出版社股份有限公司发行部
经　　销：各地新华书店
印　　刷：中国电影出版社印刷厂
开　　本：787×1092　1/16
印　　张：10
字　　数：144千
版　　次：2019年1月　第1版
印　　次：2019年1月　第1次印刷
书　　号：ISBN 978-7-114-15251-1
定　　价：60.00元
（有印刷、装订质量问题的图书由本公司负责调换）

本书编委会

平安是福

兹心为慈，士心之志，心随舟行，平安是福。

一叶扁舟，人生百年。兹心为慈，长亭古道执手，海角天涯筑愿，平安是福。峨舸巨轮，华夏千载。士心之志，为政以德载物，譬如北辰领航，平安是福。

心随舟行，平安是福。一代代山东海事人不忘初心、薪火传承，不断丰富精神家园，凝聚奋进力量，逐步形成了以“心随舟行”为核心理念，以“忠诚、仁爱、奉献、超越”为精神追求，具有鲜明时代特色的文化体系；牢记使命、创新发展，坚持率先科学监管、率先优质服务，大力弘扬“平安是福”的安全理念，探索形成了“四重一关键”“五制五关”“六问六控”“七严七防”等科学监管长效机制。

栉风沐雨，春华秋实。今年正值改革开放 40 周年，水监体制改革 20 周年。站在新的历史起点上，我们试图通过编辑《我们的探索——山东海事科学监管“4567”》，梳理总结多年来山东海事人在海事安全监管上的探索和实践，真实记录我们的点滴思考和走过的足迹，为海事治理现代化的未来提供些许借鉴和启示，为区域经济社会发展和交通强国建设奠定山东海事人的一块基石。

2018 年 12 月

目　录

绪　论

山东是海洋大省、经济大省。改革开放以来，海洋经济发展迅猛，涉海新生业态蓬勃发展，海上交通运输日趋繁忙，保障人民群众海上生产和活动安全的任务越来越重，保护海洋生态环境安全的要求越来越高。山东海事建局以来，几代海事人在探索科学监管的道路上孜孜以求，取得了丰富的创新实践成果，海上交通安全治理体系不断完善，治理能力持续提升，有效维护了山东沿海海上安全形势的持续稳定。

时代是思想之母，实践是理论之源。党的十八大以来，以习近平同志为核心的党中央统筹推进“五位一体”总体布局，协调推进“四个全面”战略布局，做出了推进国家治理体系和治理能力现代化的战略抉择，并将它作为推进所有领域改革的总目标。安全生产是关系人民群众生命财产安全的大事，是经济社会协调健康发展的标志，是党和政府对人民利益高度负责的要求。当前我国正处在工业化、城镇化持续推进过程中，生产经营规模不断扩大，传统和新型生产经营方式并存，各类事故隐患和安全风险交织叠加，安全生产基础薄弱、监管体制机制和法律制度不完善、企业主体责任落实不力等问题依然突出，安全生产事故易发多发，尤其是重特大安全事故频发势头尚未得到有效遏制，一些事故发生呈现由高危行业领域向其他行业领域蔓延趋势，直接危及生产安全和公共安全。《中共中央国务院关于推进安全生产领域改革发展的意见》指出，到2030年，将实现安全生产治理体系和治理能力现代化，全民安全文明素质全面提升，安全生产保障能力显著增强，为实现中华民族伟大复兴的中国梦奠定稳固可靠的安全生产基础。海事作为肩负国家水上交通安全监督管理职能的执法机构，是我国水上交通安全治理体系的重要组成部分。深入学习贯彻习近平新时代中国特色社会主义思想，探索完善安全监管长效机制，奋力推进山东海事治理现代化，有效履行水上交通运输安全监督管理职能，谱写交通强国建设海事篇是新时代赋予我们的历史使命和时代要求。

一、海事治理现代化的战略抉择和改革目标

准确把握国家治理现代化的科学内涵和精髓要义，是指导我们在推进海事治理现代化的实践中继承发展、改革创新、积极探索的思想前提和理论基础。习近平总书记指出，推进国家治理体系和治理能力现代化，就是要适应时代变化，既改革不适应实践发展要求的体制机制、法律法规，又不断构建新的体制机制、法律法规，使各方面制度更加科学、更加完善，实现党、国家、社会各项事务治理制度化、规范化、程序化。习近平总书记强调，摆在我们面前的一项重大历史任务，就是推动中国特色社会主义制度更加成熟更加定型，为党和国家事业发展、为人民幸福安康、为社会和谐稳定、为国家长治久安提供一整套更完备、更稳定、更管用的制度体系。这项工程极为宏大，零敲碎打调整不行，碎片化修补也不行，必须是全面的系统的改革和改进，是各领域改革和改进的联动和集成，在国家治理体系和治理能力现代化上形成总体效应、取得总体效果。

习近平总书记强调，维护公共安全，必须从建立健全长效机制入手，推进思路理念、方法手段、体制机制创新，加快健全公共安全体系。长效机制，是能保证制度正常运行并发挥预期功能的制度体系。积极探索构建长效机制是我们坚定不移贯彻落实国家治理体系现代化改革总目标、建设交通强国和海洋强国的必然战略选择，是实现水上交通安全治理制度化规范化程序化、确保水上交通运输长治久安的治本之策，也是新时期实现海事“革命化、正规化、现代化”目标任务的根本途径。

二、全面履职的客观需要和价值追求

1. 党和政府对安全工作的重视给山东海事全面履职带来更高要求

习近平总书记指出，安全生产是民生大事，事关人民福祉，事关经济社会发展大局，事关党和政府形象声誉。同时，习近平总书记要求，要推进思路理念、方法手段、体制机制创新，要做出制度性安排，依靠严密的责任体系、严格的法治措施、有效的体制机制、有力的基础保障

和完善的系统治理，解决好安全生产领域的突出问题。习近平总书记关于安全生产思想，科学回答了如何认识安全生产、如何抓好安全生产等重大理论和实践问题，是习近平新时代中国特色社会主义思想的重要组成部分，是推动水上交通安全发展的指导思想和根本途径。交通运输部党组书记杨传堂指出，“安全工作没有最好只有更好”。这些都要求山东海事提高政治站位，坚持把人民群众生命安全放在第一位，始终把安全生产放在海事工作的首要位置，进一步强化红线思维、底线思维和法治思维，以对党和人民高度负责的态度，以更严实的作风、更有力的措施，全力保障山东海上安全形势持续稳定，让人民群众更有获得感、幸福感和安全感。

2. 社会公众日益增长的安全需求给山东海事全面履职带来更大责任

习近平总书记在党的十九大上明确指出中国共产党的初心和使命就是为人民谋幸福、为民族谋复兴。安全是人民群众最“稳”的幸福，山东海事局必须准确把握进入新时代我国社会主要矛盾发生了历史性变化的重大政治论断，清醒认识这一主要矛盾在海事领域的主要表现：一是社会公众对水上交通运输安全便捷、生态环保的需求与海事保障供给不平衡不充分；二是社会公众对海事执法公平正义的期待与海事依法行政供给不平衡不充分；三是社会公众对高质量海事服务的需求与海事服务供给不平衡不充分。对此，山东海事要切实增强责任感，对症下药、精准滴灌、靶向治疗，通过追求海上安全流程中人、物、系统、制度等诸要素的安全可靠和谐统一，使各种危害因素始终处于可控制状态，进而逐步趋近本质型、恒久型安全目标，也就是实现本质安全。这样，才能使航行更安全、海洋更清洁，让人民群众出行更放心、办事更便利，确保山东水上交通长治久安。

3. 纷繁复杂的通航环境给山东海事全面履职带来更大挑战

山东海事局作为交通运输部驻鲁直属海事执法机构，依法履行山东沿海水域和沿海七地市行政区域内通航水域水上安全监管职责，并履行山东省海上搜救中心办公室职责。辖区海岸线长达 3345 公里（其中岛屿岸线 688.6 公里），约占全国海岸线的 1/6；辖区海域（搜救责任区域）面积 16.3 万平方公里，相当于一个陆上山东。作为联通京津冀的海上通道门户，山东沿海水域是我国港口最密集的区域之一，是水上交通安全“六区一线”重点水域。这里曾是海上交通事故频发的“鬼门关”，有船老大们要打起十二分精神的恶海险滩。1983 年 11 月 25 日，巴拿马籍油轮“东方大使”在青岛港出港途中搁浅，3343 吨原油泄漏入海，这是目前为止国内最严重的船舶溢油事故；1999 年 11 月 24 日，客滚船“大舜”轮在从烟台驶往大连途中遇大风倾覆，282 人遇难；2010 年 5 月 2 日，中国香港籍“世纪之光”轮与利比里亚籍“海盛”轮在成山头东北约 25 海里处碰撞，导致 17 万载重吨的“世纪之光”轮沉没……。山东沿海“三高”特点明显：

（1）安全风险高。山东沿海具有显著季风特点，冬季盛行偏北风，春秋为过渡季节，南北风交替出现，渤海海峡及山东半岛东端每年 6 级以上大风天平均在 100 天以上。成山头每年平均出现大风日数达 121 天，居黄渤海之冠，有中国“好望角”之称。长山水道附近海域每年大风天数约 80 天。山东沿海有 37 条主要航路，年商船流量达 70 万艘次（注：本书所引用船流、货流、客流数据由山东海事局数据统计系统得出），碰撞风险高；国际国内主要客运航线 29 条，客运船舶 889 艘，最大单船载客 2160 人，日均客运量约 10 万人次，发生重大群死群伤事故风险高；共有危险货物装卸作业单位 80 家，危险货物码头泊位 234 个，海上石油钻井平台 55 个，2018 年危险货物运输量达到 3.99 亿吨，是 2000 年的 13 倍，年均增长率达到 15.4%，每天有近 80 艘次危险品船、100 余万吨危险货物进出港，发生重大船舶污染事故风险高。

（2）环境敏感度高。山东海洋资源丰富，是全省经济社会可持续发展的重要依托，沿海有海岛 589 个、海湾 200 余个、省级以上生态保护区 8 个、海上生态红线控制区 73 个；毗邻日本、韩国和朝鲜，相关海域具有国际敏感性；黄海是进出渤海湾的重要门户，交通战备敏感性强。

（3）民生关联度高。山东海洋生产总值约占全国海洋生产总值的 19.1% 和全省地区生产总值的 20.4%，连续多年居全国第二位。海洋渔业、海洋生物医药、海洋盐业、海洋电力、海洋交通运输等 5 个产业规模居全国第一位。全省有航运企业 319 家，注册船员 15 万余人；国际国内客运航线 29 条，其中，中国与韩国间的客货航线 9 条，占全国的 56%；山东省与辽宁省间的省际客滚航线 6 条，省内陆岛客运航线 14 条；另有水上旅游集中区域 31 处，旅游旺季海上游客月均达 600 万人次，单日最高突破 39 万人次。

三、构建安全监管长效机制的指导原则

1.提高政治站位，贯彻落实国家总体安全观和安全发展理念，增强风险意识、突出隐患治理

习近平总书记指出，国家安全是人民幸福安康的基本要求，是安邦定国的重要基石。增强忧患意识、风险意识，做到居安思危、有备无患，是治党治国必须始终坚持的一个重大原则。水上交通安全是公共安全的重要组成部分，公共安全是国家安全的重要体现，一头连着经济社会发展，一头连着千家万户，是最基本的民生。要坚持以人民为中心的发展思想，牢固树立安全发展理念，坚持“生命至上、安全第一”，自觉把维护公共安全放在维护最广大人民利益中来认识，放在贯彻落实国家总体安全观中来思考，放在推进国家治理体系和治理能力现代化中来把握。交通运输部部长李小鹏强调，任何时候、任何情况下都不过高估计安全生产形势，不过高估计干部职工对安全生产重要性的认识，不过高估计抓安全生产的能力和水平，这些都时刻警醒我们必须提高政治站位，增强忧患意识、风险意识，突出隐患治理，始终保持清醒头脑，以如履薄冰、如临深渊的态度抓好安全监管工作。

2.拓展治理视野，吸收借鉴安全管理先进理论和成功经验，把握认识规律、科学指导实践

（1）安全靠管理，实质是风险过程管理。从本质上来说，安全是一种状态，指事物免除了不可接受的损害风险的状态。从实践上来说，风险永远是客观存在的，安全状态的获得和保持靠管理，正如国际民航组织所定义的那样，“通过持续的危险识别和风险管理过程，将人员伤害或财产损失的风险降低并保持在可接受的水平或以下”，其实质是风险管理，目标是实现风险降低并保持在可接受的水平或以下。

（2）管理靠机制，核心是风险防控机制。从认识论的角度来看，人们对安全的认识也经历了从无知、局部、系统的安全认识阶段发展到当前的“动态的安全认识阶段”：随着当今生产和科学技术的发展，静态的安全系统、安全技术措施和系统的安全认识，也就是孤岛式的人防、技防、物防已经不能满足动态过程中发生的、具有随机性的安全问题，

必须采用更加深刻的安全技术措施和耦合性的安全系统认知，核心是形成持续有效风险识别和风险管控的管理机制，防止风险失控，保持安全状态。

（3）机制管长效，关键是把握客观规律。科学理论和宏观政策是客观规律的探索和实践经验的总结。探索建立安全监管长效机制必须吸收借鉴现代风险管理的最新理论成果，贯彻落实国家安全生产领域改革发展意见和构建安全风险分级管控和隐患排查治理双重预防机制等部署要求，同时不断总结近年来山东海事各级各部门立足辖区水上交通安全工作实际进行的规律性探索和长期在客运船舶监管、船载危险货物监管、恶劣气象海况预警预防等领域风险防控和隐患治理的成功实践成果。

3. 坚持目标导向，始终牵牢遏制重特大群死群伤事故发生的“牛鼻子”，主动作为，勇于实践，持续提升治理能力

聚焦目标、牵牢“牛鼻子”是在一定时空内整合人财物资源履行使命任务的战略要求和管理方法。从山东海上安全监管实际来看，坚决遏制重特大群死群伤和重特大船舶污染事故在任何时候、任何情况下都不能动摇和松懈。从事故致因理论分析，一起重特大事故的发生既有从风险到隐患进而形成事故的纵向演变过程，又有人、物、环境、管理等横向多方面系统性因素的综合作用。一次次惨痛的事故教训说明，无论在哪个环节、哪个要素截断事故链都可能避免事故的最终发生。水上交通安全是涉及多要素且动态变化的风险管理过程，长效机制建设必须适应安全监管对象的特点规律，适应时空变化的必然性，注重在实践中主动作为、勇于实践、持续改进，不断提升安全治理能力。

4. 坚持问题导向，切实解决影响安全的突出矛盾和问题，织密织好全方位、立体化的安全网

问题是矛盾的集中反映，是时代的声音。在管理决策中坚持问题导向是运用正确的方法论，有效认清并抓住主要矛盾和矛盾的主要方面，把握规律、纲举目张、精准施策，根本性防止水上交通安全治理中“认不清、想不到、管不到”问题发生的有效途径。从辖区实际来看，安全风险高、环境敏感度高、民生关联度高的“三高”特点明显并将长期存在。号脉海上安全“三高症”，如何对症施方，预防为主，防病于未发，

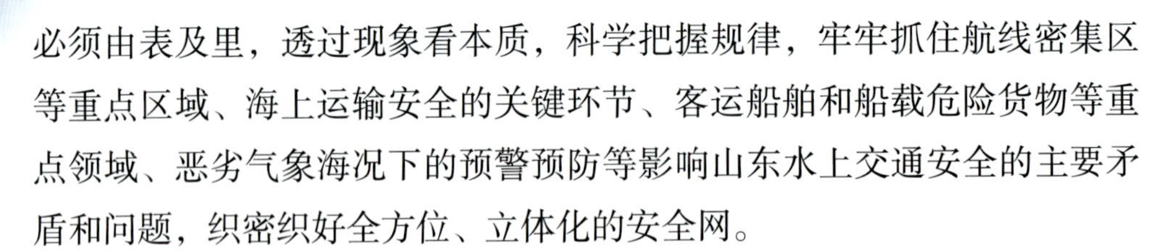

必须由表及里，透过现象看本质，科学把握规律，牢牢抓住航线密集区等重点区域、海上运输安全的关键环节、客运船舶和船载危险货物等重点领域、恶劣气象海况下的预警预防等影响山东水上交通安全的主要矛盾和问题，织密织好全方位、立体化的安全网。

5. 坚持依法治理，用法治思维和法治手段解决水上交通安全问题，严格执法落实责任，提升治理法治化水平

依法治理是现代社会文明秩序的基石、公共安全利益的根本保障。从国内外立法实践看，无数重特大事故的惨痛教训推动了水上交通安全生产政策法规和技术规范的发展，用法治思维和法治手段解决水上交通安全问题是海事履职的主要途径，同时辅以强有力的现场执法作支撑，把安全监管责任做细落实，提升治理法治化水平，确保长效机制建设和运行始终置于法治框架下，确保落地生根、管用有效。

6. 坚持继承发展，用历史思维和发展眼光综合考虑时代条件和执法资源，继承长期实践成果，与时俱进创新发展

一代人有一代人的使命。在不同的历史发展阶段，海事监管人力资源、装备手段和科技发展水平不同，海上交通安全面临的形势任务和问题矛盾存在差异，在构建科学监管长效机制的探索实践上既有规律性的共同点，又有时代的区别。深刻认识和把握这些差异和不同，既要正确看待并吸收借鉴几代海事人探索实践的发展成果和成功经验，又要与时俱进着力创新发展。

7. 实施多元共治，充分发挥国家制度体制优势和各方作用，综合治理形成管理服务合力，共建共治共享安全

马克思指出，“共同利益不是仅仅作为一种‘普遍的东西’存在于观念之中，而首先是作为彼此有了分工的个人之间的相互依存关系存在于现实之中。”基于共同利益，坚持以人民为中心的发展思想推进国家治理现代化，就是要把各方面的制度体制优势转化为国家治理的效能。多元共治、良性互动的社会治理体制才是真正符合共同利益的存在方式。在推进山东海事治理现代化过程中，水上交通安全治理主体逐步由单一走向多元，而治理方式也逐步由政府部门的单向管理转向多元主体的交互共治，即加快形成党委领导、政府负责、社会协同、公众参与、法治保

障的社会治理格局，形成管理服务合力，共建共治共享安全文明畅通的山东海区，从而及时反映和协调人民群众多方面、多层次的利益诉求，不断适应人民群众对水上交通运输安全便捷的要求、对海事执法公平正义的期待、对高质量海事服务的需求，为区域经济社会发展和交通强国、海洋强国建设做出新贡献。

四、构建安全监管长效机制的理论路径

理论是指在某一活动领域中联系实际推演出来的概念或原理，或是经过对事物的长期观察与总结，对某一事物过程中的关键因素的提取而形成的一套简化的描述事物演变过程的模型，具有普遍适用性。简而言之，理论是在某个阶段指导人们透过现象看本质的方法和工具。理论来自于实践，对实践又有着指导作用。人们既可以应用理论来解释客观世界的现象和规律，也可以通过理论“曲线”描述和预测事物发展的未来结果，为决策提供依据。

在山东海事科学监管体系建设的过程中，从中国传统安全文化中汲取智慧养分，从唯物辩证法、系统论及风险理论三大方面寻找理论支撑，最终形成了基于安全矩阵模型的海事科学监管体系。

（一）科学监管的理论来源

1. 传统安全文化

安全是伴随于人类进化和发展过程中古老而具有普遍意义的命题。几千年来，我国人民通过大量的安全实践活动，积累了许多安全知识与经验，并形成了诸多先进的安全理念。比如人本型安全文化，就是指人是世间一切事物的根本，天地之间人为先。无论是传统安全文化，还是现代安全文化，其实质均是“以人为本”理念。又比如预防型安全文化，旨在强调人们应时刻具有“居安思危、有备无患与预防为主”的安全防范意识。再比如事后学习型安全文化，即为“向事故学习”。细言之，就是“反思事故原因，总结安全经验，吸取事故教训”。《左传》曰：“居安思危，思则有备，有备而无患”。《礼记·中庸》曰：“凡事预则立，不预则废”。东汉史学家荀悦在《申鉴·杂言》中指出：“先其未然谓之防，发而止之谓之救，行而责之谓之戒。防为上，救次之，戒为下”。这些传

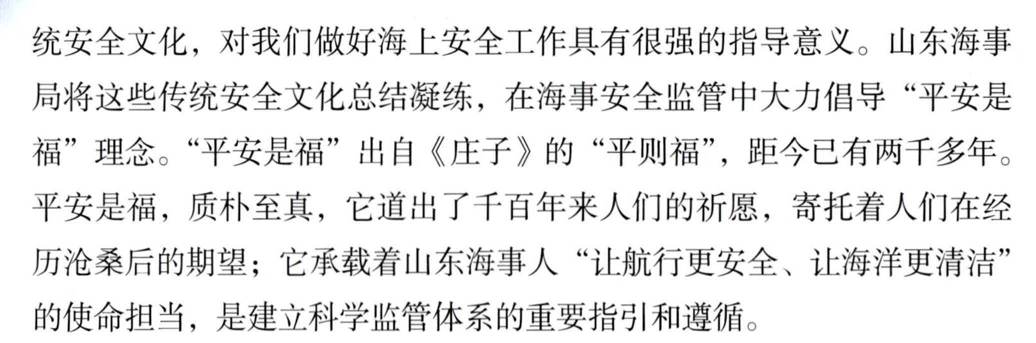

统安全文化，对我们做好海上安全工作具有很强的指导意义。山东海事局将这些传统安全文化总结凝练，在海事安全监管中大力倡导“平安是福”理念。“平安是福”出自《庄子》的“平则福”，距今已有两千多年。平安是福，质朴至真，它道出了千百年来人们的祈愿，寄托着人们在经历沧桑后的期望；它承载着山东海事人“让航行更安全、让海洋更清洁”的使命担当，是建立科学监管体系的重要指引和遵循。

2. 唯物辩证法

唯物辩证法作为马克思主义哲学的核心组成部分，是一种研究自然、社会、历史和思维的哲学方法，认为物质世界是普遍联系和不断运动变化的统一整体，世界上的一切事物都处于相互影响、相互作用、相互制约之中，反对以片面或孤立的观点看问题。唯物辩证法的基本规律有三条，即对立统一规律、质量互变规律和否定之否定规律。

对立统一规律：是指一切存在的事物都由既相互对立、又相互统一的一对矛盾组合而成。矛盾的双方共同推动着事物的发展，揭示了事物发展的源泉和动力。

质量互变规律：即从量变到质变，是说处在不断地变化之中的事物，在其每次由一种性质变化到另一种性质的过程中，总是由微小的变化（即量变）慢慢积累开始，当这种积累达到一定程度就会导致事物由一个性质变化到另一个性质（即质变）。量变是质变的准备，没有量变就不会发生质变；经过质变，在新质基础上又开始新的量变……如此循环往复，推动事物无限地发展下去。因此说质量互变规律揭示了事物发展的状态。

否定之否定规律：是指事物的发展是一个过程连着一个过程的，过程的更替要通过否定来实现。在事物发展的长链条中，经过两次否定，三个阶段——即肯定、否定、否定之否定——就表现为一个周期。因此说，否定之否定规律揭示了事物发展的趋势和道路。需要指出的是事物发展的总趋势是前进的、上升的，而道路却是迂回曲折的，因此否定之否定后的状态并不是原有的肯定的状态，而是一种更上层楼后的“扬弃”。

唯物辩证法有五对基本范畴，即现象和本质、内容和形式、原因和结果、可能性和现实性以及偶然性和必然性。除此之外还有整体和部分、个性和共性、相对和绝对等。

唯物辩证法的基础是唯物论，主导是辩证法。二者互相制约、相辅相成、有机结合推动其本身与社会实践亦步亦趋地一同进步。它不断总结社会实践新的经验验证、完善与丰富自己，同时指导社会实践快速向前发展以至无穷。它是全人类认识世界与改造世界的最普遍的、最有效的科学武器之一。

3. 系统论

系统论是研究系统的结构、特点、行为、动态、原则、规律以及系统间的联系，并对其功能进行描述的科学理论。系统论的基本思想原则是唯物辩证法中普遍联系的观点，把研究和处理的对象看作一个整体系统来对待。它的主要任务就是以系统为对象，从整体出发来研究系统整体和组成系统整体各要素的相互关系，从本质上说明其结构、功能、行为和动态，以把握系统整体，达到最优的目标。系统具有整体性、相关性、目的性、有序性和环境适应性等特性。

系统论认为，一个问题的产生往往不是一个孤立的现象，而是系统内某部分出现问题，产生相互作用的结果。因此，要解决某个问题，不仅仅要注意这个问题，而且更要注意系统内相互关联的状况，只有理清了脉络，找出了问题的相互关系，分清主次，才能得到预期的结果。

4. 风险理论

风险是指危险概率及后果的综合量度期望值，具有不合意或不希望结果的含义，用于描述未来随机事件的危险可能性或事故可能性，直接与潜在危险变成事故的频率、强度和持续时间的概率有关。考虑事故所涉及的风险是非常必要的，而且如果能定量地估计风险，就能改进安全管理决策，减少事故风险。近年来，对风险做定量评价的技术发展迅速，并得到了数学模型及经验验证的支持。这些技术使管理者通过更低成本获得更高效益，风险评价技术已在气象、洪水、火灾、地震、交通中得到广泛应用。

风险理论的核心是不确定性结果的一种度量，也可以定义为在一定的人员损伤或财产损失水平条件下，某一事故发生的概率值。风险的大小可由以下公式来进行评价：

$$R=P\times D$$

式中：R——事故的风险；

P——事故发生的概率；

D——事故可能造成的损失。

对一个对象风险评价应当分别计算构成该对象的各要素的风险，把各要素的风险相加，就能得到该对象的总体风险。

风险评估的基本过程为风险识别、风险分析、风险评价与分级以及风险管理。

唯物辩证法、系统论与风险理论三者相互递进，又相互支撑。从系统论的整体观出发，采用风险理论，结合辖区实际，评估监管全流程中的风险，运用唯物辩证法的哲学观点在纷繁芜杂的风险中总结归纳、删繁就简，突出主要矛盾和关键环节，为由理论向实践的转变架梁铺路，共同构成了山东海事科学监管体系的理论基础。

（二）科学监管的内涵与属性

生产是指人类（生产者）利用生产工具改造客观世界的过程。安全是在人类生产过程中，将系统的运行状态对人类的生命、财产、环境可能产生的损害控制在人类能接受水平以下的状态。监管包含监督与管理，监督是指对安全生产过程进行静态评价，而管理是指对发现的安全生产环节中的不符合项进行动态干预。

1. 科学监管的哲学属性

科学监管的哲学属性有两个层面：一是体现在监管与生产辩证关系的认识。监管是指行政机关对企业生产行为与法律、法规和技术标准的符合性进行判定或干预，从而确保实现安全目的的行为。在企业安全生产过程中，为追求安全的核心目的，存在双重保障因素：第一是企业结合法律法规和实际风险通过自身安全生产制度的制定、实施、修正来规划、组织、开展生产活动，保障生产安全；第二是行政管理机关通过法律法规的制定、实施、修订来引导、规范、监督企业生产活动，保障生产安全。在安全领域，行政机关和企业的联系纽带就是安全生产，同时当出现安全生产事故时，往往企业要承担安全主体责任，而监管部门可能承担监管责任。因此，围绕安全的目标，监管与生产具有普遍联系性，生产是内因，监管是外因，不存在脱离生产的监管。同时，二者具有对立统一性，其对立性表现为生产在追求利润最大化时往往容易忽视或主观降低安全成本，而监管则是刚性地调控生产保持安全成本在可以接受的程度之上，二者的统一性是共同保障安全目标的实现。因此，现阶段，生产、监管与安全的辩证关系可以归纳为：作为一种调节调控关系，监管方式应围绕不断发展的生产活动或行为进行动态调整进而实现安全的最终目标，生产活动的发展是动力，监管方式与之适应则安全形势稳定，反之，则易造成生产活动失控或失序导致重特大事故频发。二是体现在监管举措向监管机制的跃迁过程。监管对象往往是错综复杂、千头万绪，这直接导致具体的监管举措成千上万，在监管举措向监管机制跃迁的过程中，需要引用哲学“个性与共性”“主要与次要”“演绎与归纳”等方法论，使监管机制得到充分科学的优化与简化。

2. 科学监管的系统属性

系统属性体现在监管对象整体性、相关性、目的性、有序性和环境适应性等特性。所谓系统是由相互作用和相互依赖的若干部分组成的具有特定功能的有机整体，任何管理对象都可以作为一个子系统。系统可以被分为若干个子系统，子系统可以被分为若干个单元要素，即系统是由单元要素（点）组成的。自 1975 年以来，系统安全理论在安全生产领域中得到了广泛的应用，安全生产的系统单元点主要包括人、机、环境，通过企业运行制度将人、机、环境串联成有序、安全的过程系统；而科学监管的系统单元点在此基础上增加了制度，要统筹人、机、环境、制度的协调性、安全性。

3. 科学监管的风险属性

风险属性体现在监管对象运行过程中产生安全风险的识别、评估、干预和强制，绝对静止的监管对象不存在安全风险，安全风险来自于监管对象运行过程中的失序与失控。因此，准备识别监管对象的运行过程和运行规律是确定监管对象安全风险的前提条件，在此基础上，可以通过多种不同的方法计算风险的频率与规模，进而确定风险的可接受程度，有针对性地制定科学的监管举措。

4. 科学监管的内涵

科学监管的内涵是识别和遵循生产活动的客观规律，统筹运用哲学

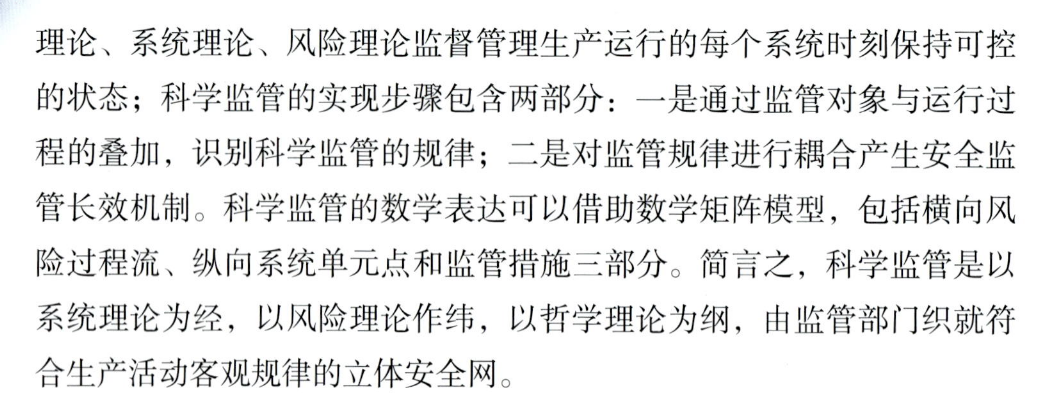

理论、系统理论、风险理论监督管理生产运行的每个系统时刻保持可控的状态；科学监管的实现步骤包含两部分：一是通过监管对象与运行过程的叠加，识别科学监管的规律；二是对监管规律进行耦合产生安全监管长效机制。科学监管的数学表达可以借助数学矩阵模型，包括横向风险过程流、纵向系统单元点和监管措施三部分。简言之，科学监管是以系统理论为经，以风险理论作纬，以哲学理论为纲，由监管部门织就符合生产活动客观规律的立体安全网。

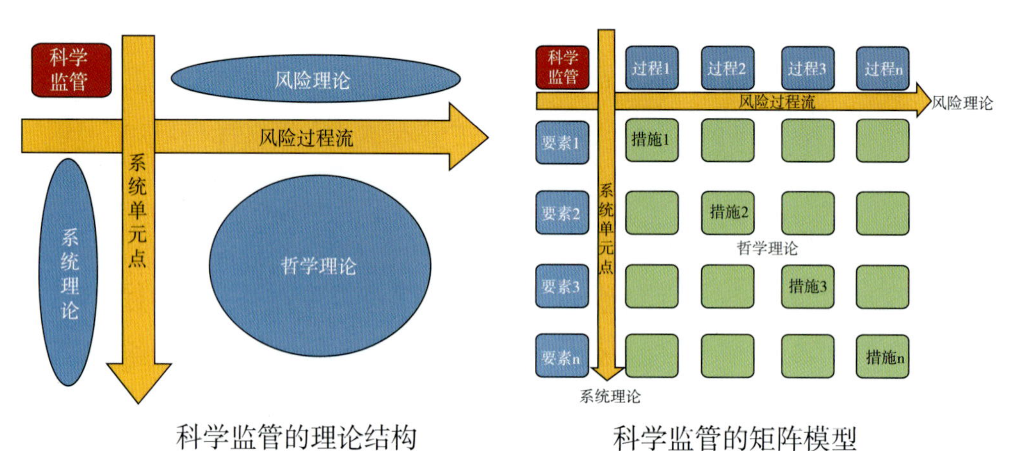

科学监管的理论结构　　　　科学监管的矩阵模型

（三）海事科学监管的实现路径

1. 海事监管的基本特征

海上安全生产活动可以描述为当处于自变量的人和海况环境发生变化时，生产活动的各方参与者运用安全规则和技术手段使船员、船舶、货物处于相对稳定的状态。海事安全监管就是立足第三方的角度，对这种状态进行必要和可行的检视、评估、干预和强制。因此，海事科学监管的关键在于纵向上准确识别海上生产系统的运行结构，区分系统单元点；横向上精确判定海上生产链节的过程风险，建立风险过程流，整体上实现监管举措简化和优化，形成监管长效机制。

2. 安全矩阵模型的要素与逻辑

海事安全系统单元主要包括人、船（货）、环境、制度，海事安全总目标可拆解为人员适任、船况适航（货物适运）、环境适行、制度适用四个子目标，系统单元和子目标之间具有耦合性，系统安全可以用数学矩阵表达为：

$$S=(S_{人}, S_{船}, S_{环}, S_{制})$$

海事安全风险单元主要是以船为基点，包括离泊、航行、靠泊、锚泊四个运行阶段，各阶段中风险要素的组成相同但权重差异大，总体风险可以用数学矩阵表达为：

$$R=(R_{离}, R_{航}, R_{靠}, R_{锚})$$

因此，安全矩阵（Matrix）模型设计为：

$$M=R\times S$$
$$=(R_{离ij}, R_{航ij}, R_{靠ij}, R_{锚ij})\times(S_{人ij}, S_{船ij}, S_{环ij}, S_{制ij})$$

（其中 i=1，2，3⋯；j=1，2，3⋯）

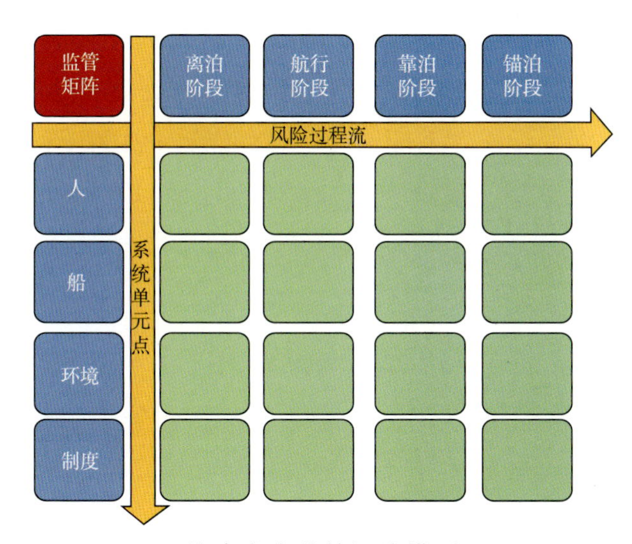

海事安全监管矩阵模型

3. 安全矩阵模型的计算流程

第一步：围绕海事安全的总体目标，识别、判定安全矩阵中系统单元点和风险过程流的特征属性。

第二步：对安全矩阵中系统单元点和风险过程流开展行与列的“点对点”叠加分析，产生安全子系统和风险环节。

第三步：优化、细化、同化矩阵中的子系统和风险环节，分析形成长效监管机制。

安全矩阵模型可以对海事安全风险与规律进行定性计算，也可以

通过专家赋值的方法，结合指标权重进行量化计算，进而判定风险的等级。

4. 运用安全矩阵模型的原则

为确保矩阵模型的功能最大化和导出结果最优化，其应遵循以下原则：

（1）动态相关性原则。构成安全矩阵模型的各要素是运动和发展的，它们相互联系又相互制约。显然，如果矩阵模型的各要素都处于静止状态，就不会发生事故。

（2）整分合原则。高效的现代安全生产监督必须在整体规划下明确分工，在分工基础上有效综合，这就是整分合原则。运用该原则，要求海事监管者在制定整体目标和进行宏观决策时，必须将安全风险纳入其中，在考虑资金、人员和体系等资源配置时，都必须将安全风险作为一项重要内容考虑。

（3）反馈原则。反馈是控制过程中对监管对象的反作用。成功、高效的管理，离不开灵活、准确、快速的反馈。海上安全生产的内部条件和外部环境在不断变化，所以必须及时捕获、反馈各种安全监管信息，以便及时采取行动。

（4）封闭原则。在任何一个管理系统内部，管理手段、管理过程等必须构成一个连续封闭的回路，才能形成有效的管理活动，这就是封闭原则。在安全矩阵模型的应用中，各管理机构之间、各种管理制度和方法之间，必须具有紧密的联系，形成相互制约的回路，才能确保安全生产管理有效。

（5）结果耦合原则。结合矩阵的属性，矩阵模型可以从系统单元点和风险过程流的交叉中产生成千上万条的解决方案，需要对照现有的法律法规、标准规范进行查漏补缺，选取最大公约数优化、简化，形成合理制度，进而建立安全监管机制。

5. 安全矩阵对普遍性监管的识别路径

普遍性规律的识别应着眼于山东沿海海上安全生产的总体系统，将“人、船（货）、环境、制度”四个系统单元点和“离泊、航行、靠泊、锚泊”四个过程流带入矩阵模型，产生表1所示结果。

矩阵模型产生的结果 表1

人在靠泊阶段要采取的保障安全措施	人在航行阶段要采取的保障安全措施	人在离泊阶段要采取的保障安全措施	人在锚泊阶段要采取的保障安全措施
船（货）在靠泊阶段应满足的安全保障措施	船（货）在航行阶段应满足的安全保障措施	船（货）在离泊阶段应满足的安全保障措施	船（货）在锚泊阶段应满足的安全保障措施
环境在靠泊阶段应匹配的安全保障措施	环境在航行阶段应匹配的安全保障措施	环境在离泊阶段应匹配的安全保障措施	环境在锚泊阶段应匹配的安全保障措施
制度在靠泊阶段应提供的安全措施	制度在航行阶段应提供的安全措施	制度在离泊阶段应提供的安全措施	制度在锚泊阶段应提供的安全措施

结合实际，不同的船舶种类、人员种类、环境变化、制度分类与过程流的叠加将产生成千上万种安全保障措施，运用归纳与演绎、主要与次要、一般与特殊的方法论，可以将山东沿海的海上安全规律总结为：要以重点监管对象、重点时段、重点区域和重点气象海况为系统类别区分，以相应的关键环节为风险管理区段的普遍性监管原则，即："四重一关键"基本规律。依托"四重一关键"，可以对山东沿海的重点风险源、重点海区等进行二次细化并定期评估相应的监管措施。

6. 安全矩阵对特殊性监管的识别路径

综合"四重一关键"基本规律，客运船舶、危险货物和恶劣气象海况在风险等级中居高，极易导致群死群伤等重特大事故，其子系统运行也具有一定的特殊性，因此需要对其特殊性规律进行甄别。

结合客运船舶的运行特性，矩阵模型的叠加结果中纵向上系统因素的最大公约数聚焦在公司、船舶、船员、客货、环境五个方面，横向上风险管理举措的最大公约数包括责任网链、综合管理、动态管理、差异管理、信息预警。因此，客运船舶科学监管机制以五横五纵为结构。

结合载运危险货物船舶的运行特征，矩阵模型的叠加结果中纵向上系统因素的最大公约数聚焦在货物适运、环境适行、码头适靠、船舶适航、人员适任、防备适用六个方面，横向上风险管理举措的最大公约数包括分类管控、动态监控、隐患联控、现场查控、人员管控、预警预控

等。由此，船载危险货物的科学监管机制以六横六纵为结构。

针对恶劣气象海况的特点，矩阵模型的叠加结果中纵向上系统因素的最大公约数聚焦在冒险航行、船舶碰撞、大风自沉、船舶走锚、对流突风、台风灾害、冰冻灾害七个方面，横向上风险管理举措的最大公约数包括落实责任、预警监测、禁航限航、监控研判、值班响应、交通组织、评估提升。因此，恶劣气象海况的科学监管机制以七横七纵为结构。

7. 科学监管“4567”体系

安全监管是海事部门的核心职责，结合实际监管工作，山东海事局结合系统理论、风险理论、哲学理论三大基石，探索建立了海事安全监管矩阵模型，基于模型对山东沿海海上安全的普遍性规律分析，推导出了海事安全监管的基本规律——“四重一关键”，作为科学监管的宏观性指导规则；在此基础上，针对客运船舶、船载危险货物、恶劣气象海况等极易导致群死群伤风险的重点风险源，相继从微观尺度上建立了客运船舶“五制五关”、船载危险货物“六问六控”、恶劣气象海况“七严七防”等长效机制，至此，山东海事科学监管“4567”体系趋于成熟。

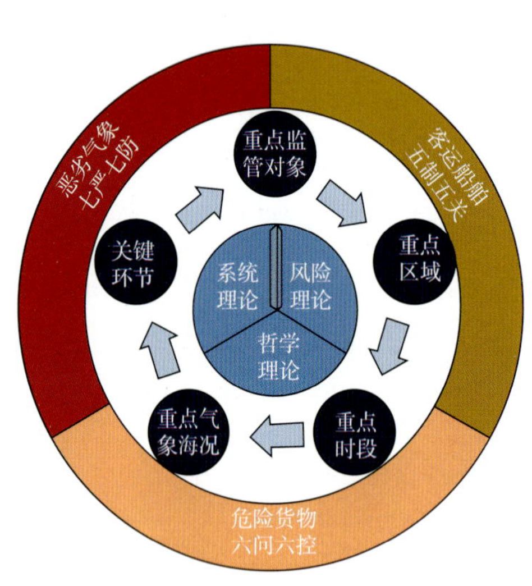

科学监管“4567”体系结构

第一篇 “四重一关键”
——把握规律聚焦“靶向标”

一、辖区基本情况

山东半岛是我国最大的半岛，濒临黄海，东与朝鲜半岛、日本列岛隔海相望，西接黄河流域广阔腹地，北临京津冀，南接长三角，是我国由南向北扩大开放、由东向西梯度发展的战略节点，在海洋强国建设格局中具有重要地位。

山东沿海海岸线长3345公里，约占全国的六分之一，居全国第二位，毗邻海域面积约16万平方公里，相当一个陆上山东。海岛589个，海湾200余个。沿海分布7大港口、34处港区，其中青岛、日照、烟台为重要枢纽港口，年吞吐量超4亿吨；威海，潍坊、东营、滨州为重要港口。沿海一类开放口岸14个，与180多个国家和地区的700多个港口有贸易往来。有中韩国际海上客运航线9条，烟台至大连、威海至大连客滚运输航线，是中国最繁忙的水上客运航线之一。有海上钻井平台、采油平台等55座，海上倾倒区7个。在成山头水域、青岛水域和长山水道3处水域实施了船舶定线制和报告制。全省航运企业319家，注册船员15万余人，修造船厂60余家，登记船舶约4000艘，直接从事海上作业人员达500万。集中表现出以下特点：

（一）用海活动频率高

山东沿海有37条进出港主要航路，主要航路汇聚区16个，其中成山头水域是进出环渤海湾港口的咽喉要道，是我国第二大海上航行密集区。渤海海洋石油开发频繁，渤海湾涉海建设工程众多，砂石运输繁忙。海上旅游、体育运动等海上活动发展迅速。山东沿海渔场众多，海上作业渔船集中，港口附近养殖区密布，军、商、渔船数量大，各种用海活动密集。

（二）海上交通运输量大

山东作为以京、津为核心的环渤海经济圈的一部分，西与我国的能源基地接壤，南与长江三角洲经济区相邻，处于我国三大经济区交汇处，是我国港口最密集的区域之一。近年来，山东沿海进出港船舶年均达 70 万艘次。国际国内主要客运航线 29 条，客运船舶 889 艘，其中乘员 100 人以上 129 艘，最大单船载客 2160 人，年客运量约 3000 万人次，日均约 10 万人次，车运量日均约 5000 辆次。

山东沿海现有危险品码头泊位 234 个（其中 30 万吨级油码头 6 个、25 万吨级油码头 1 个），主要分布在青岛、日照、烟台、威海和东营。青岛港是我国最大的石油运输中转港之一，月均进出青岛港的 20 万吨级油轮约 30 艘次。日照港是北方主要的散装化学品集散地。近年来辖区危险货物年运输量 3 亿多吨。

（三）气象海况复杂

受地理环境和大气环流影响，全省沿海气候具有明显的区域性和季节性差异。其中风况和雾日在各类气象条件中对水上安全的影响最大。大寒潮、大风、大浪、大雾、大潮位、大冰冻、大雪、大雨等恶劣天气多发，每年 10 月至次年 4 月受季风影响，6 级以上大风天气近 100 天。东营、潍坊和滨州海域 9 月至次年 4 月间易受突风袭击，与烟台、威海同是我国北方风暴潮灾害最为严重的地区。沿海夏季和冬春季节经常受到大雾侵扰，成山头水域是我国著名雾区，年均雾日达 130 天左右。

（四）海洋渔业发达

山东沿海共有主要渔场 11 处，渔船生产海域主要集中在黄渤海及附近水域，沿岸分布大量水产养殖和定置网具，从事渔业生产的渔民渔工有 100 余万人，各类渔业船舶 10 万余艘，其中有大量外省籍渔船常年以此为基地进行捕捞，渔船通航密度大，渔船的自然交通流量已经远远大于商船。

（五）滨海旅游发展迅猛

山东海洋资源丰富，沿海有省级以上自然生态保护区 8 个，3A 级以上旅游景点 200 余个，拥有面积居全国之首的海滨风景名胜区、六大滨海旅游区以及 25 个大型公共海水浴场。山东沿岸还分布有重要的水上运动及旅游区域，如青岛奥帆中心、日照国家水上运动训练基地等。“后奥运”海上体育赛事频繁，滨海休闲旅游及体育运动游艇等新兴产业发展迅猛，每年 7~8 月间海上观光游客月均达 600 万人次。

（六）海上油气开采不断增加

目前东营海域有我国最大的浅海油田，石油地质储量 2.4 亿吨，龙口海岸以北海域也分布有蓬莱 19–3 等油田，总井数 500 余口，浮式生产储油卸油装置（FPSO，Floating Production Storage and Offloading）3 个。

（七）船舶修造业快速发展

山东沿海船舶修造产业主要集中在青岛、烟台、威海（三大造修船基地）和青岛经济技术开发区、即墨、烟台经济技术开发区、蓬莱、威海经济技术开发区、荣成（六个船舶工业聚集区），从业人员达 10 万余人。

二、“四重一关键”构建路径

依据矩阵模型对人、机、环境、制度等系统要素在船舶动态过程中的监控流程，对山东辖区风险情况进行综合分析，明确了海上七个较大风险：一是通航环境日趋复杂，安全风险日益增高；二是海上客运线多量大，存在群死群伤事故风险；三是危险品运输活跃，溢油污染和危险品事故风险高；四是海上休闲旅游和体育活动频繁，人员遇险概率明显加大；五是内河船非法参与海上运输逃避监管，潜在风险很大；六是航运公司管理不规范和低标准船舶潜在风险大；七是超大型船舶运输安全存在一定风险。

在此基础上，梳理分析形成辖区十大风险源，参见表2。

十大风险源　　表2

序号	风险源名称
1	渤海湾省际客滚船
2	中韩客货班轮
3	客渡船［含陆（岛）岛运输客船、高速客船］、旅游客船（含内河库区载客船舶）
4	油船、散化船和液化气船
5	大型船舶
6	砂石运输及施工作业船、港内油类作业船、黑名单船
7	载运精矿粉、钢材等特种货物船舶
8	恶劣气象条件下锚泊船
9	成山头和长山水道附近水域
10	辖区主要港口及其附近通航水域

通过对上述风险的梳理及进一步整合，形成重点监管对象、重点时段、重点气象海况、重点区域（部位）及关键环节的安全监管规律。

三、“四重一关键”基本内涵

模型的系统单元点由重点监管对象、重点时段、重点气象海况、重点区域（部位）组成，风险过程流包括制度机制、预警预防、监管监控、应急响应，进而产生“四重一关键”四阶矩阵。同时，通过对辖区“四重一关键”的全要素进行分析，得到针对重点中关键环节的相应监管措施。

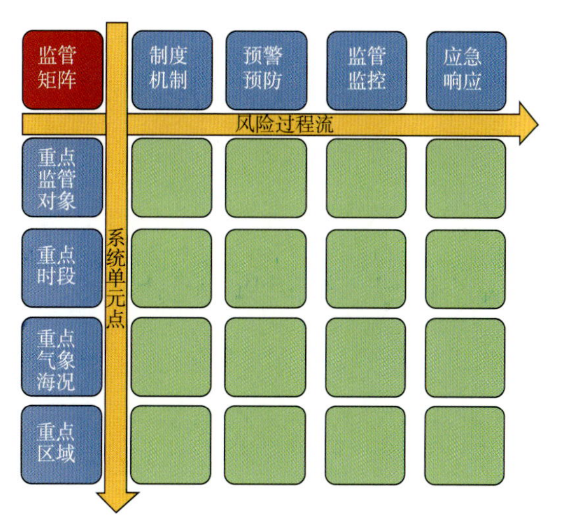

四重一关键四阶矩阵

“四重一关键”基本内涵如下：

重点监管对象是海事监管的重中之重，抓住了重点监管对象，就抓住了目标和方向，真正做到有的放矢。重点时段是存在重大事故风险的时段和政治敏感期，抓住了重点时段，就抓住了海事监管的关键时期。重点气象海况是导致事故并可能造成重大损失的潜在自然因素，抓住了重点气象海况的预防预警，就抓住了安全工作的主动权。重点区域（部位）是险情事故的多发水域，抓住了重点区域（部位），就抓住了监管的主战场；关键环节是防范事故的根本，抓住了关键环节就抓住了主要矛盾的主要方面。准确把握“四重一关键”安全监管规律，其核心是通过规律性分析准确把握监管重点，根本是有效落实关键环节的监管措施。

（一）重点监管对象：四类重点船舶、船员和船公司

四类重点船舶：

（1）客船（含普通客船、高速客船、旅游船、邮轮、客滚船、客渡船、汽渡船、火车轮渡、载货汽车滚装船）；

（2）危险品船；

（3）砂石船；

（4）易流态化固体散装货物运输船舶及其他高风险船舶（大型船舶、操纵受限船舶、载运钢材船舶、试航船舶、沟通不畅船舶、全国黑名单船和山东省 C 级船舶等对海上安全构成重大危害且易闯“大祸”的船舶）。

（二）重点时段：“四季五期”

四季：

（1）冬季；

（2）雾季；

（3）旅游旺季；

（4）鱼汛季节。

五期：

（1）春运期间（含春节）；

（2）重要会议期间（两会、中央全会等）；

（3）节日期间（元旦、清明、端午、五一、十一、中秋等国家法定节假日）；

（4）重大水上活动期间（重大海上军事活动、重大体育赛事及群众性水上活动等）；

（5）高温期间（36°C 以上）。

（三）重点气象海况：“两大两低”

两大：

（1）大风（海上出现 7 级及以上大风）；

（2）大潮（海上浪高达 3 米以上，包括超过当地警戒潮位 30 厘米以上大高潮）。

两低：

（1）低能见度（大雾、大雪、大雨等造成海上能见度不足 500 米）；

（2）低温（对船舶航行安全和港口生产产生严重影响的大冰冻）。

（四）重点区域（部位）：“七区八线”

七区：

青岛、烟台、日照、威海、潍坊、东营、滨州辖区主要港口及其附近水域。

八线：

（1）省际客滚航线；

（2）国际客运航线；

（3）陆（岛）岛客运航线；

（4）滨海旅游航线；

（5）成山头水道；

（6）长山水道；

（7）青岛至石岛习惯航路；

（8）成山头至老铁山水道习惯航路。

（五）关键环节

各关键环节具体要求见表3。

表3

项目	内　容		关键环节
重点监管对象	四类重点船舶	1.客船（含普通客船、高速客船、旅游船、邮轮、客滚船、客渡船、汽渡船、火车轮渡、载货汽车滚装船）	（1）落实客运船舶“五制五关”长效机制要求，加强重点时段现场监督管理； （2）对相关船舶实施全程动态监控； （3）掌握辖区气象海况，做好预警预防，按照规定采取限禁航等交通管制措施； （4）加强对所属航运公司审核及日常监管力度； （5）加强船员适任培训和特殊培训的监督管理； （6）督促加强船员应急应变能力和实操能力及不同国籍船员之间交流能力的检查； （7）督促指导分支局加强与地方政府沟通，促进船舶更新升级，划定旅游活动水域及安全航线。
		2.危险品船	（1）认真落实船载危险货物“六问六控”长效机制； （2）严把船舶载运危险货物申报审批关； （3）对重点危险品船舶进出港实行全程动态监控，必要时实施交通管制； （4）对危险品装卸作业、海上原油外输作业现场监管及危险品船舶在辖区三类区域进行差异化监控； （5）加强对船员特殊培训的监督管理及船员操作性检查。

续上表

项目	内容		关键环节
重点监管对象	四类重点船舶	3. 砂石船	（1）落实砂石船舶准入制、砂石船舶备案制，严格水上水下活动的许可，严把涉水工程的审批关； （2）督促建设、施工单位落实安全生产主体责任； （3）督促加强对船舶适航、船员适任的现场监督检查； （4）加强从业船员操作技术和安全技能培训，提高从业船员的安全意识； （5）依托地方政府建立联动机制，加强巡查执法和动态监控，开展各项专项整治活动，及时处置非法、低标准船舶从事砂石运输及施工作业。
		4. 易流态化固体散装货物运输船舶及其他高风险船舶（大型船舶、载运钢材船舶、操纵受限船舶、试航船舶、沟通不畅船舶、全国黑名单船舶和山东省C级船舶等对海上安全构成重大危害且易闯“大祸”船舶）	（1）督促加强对船舶适航、船员适任的监督检查； （2）督促检查精矿粉等易流态货物适装鉴定和申报备案情况； （3）强化对船员特种货物载运知识培训的指导； （4）督促检查按照批（核）准的码头靠泊条件控制大型船舶靠离泊； （5）加强试航船动态监管，及时发布航行警通告； （6）督促加强船员应急应变能力和实操能力及不同国籍船员之间交流能力的检查； （7）检查黑名单船到港必查制度落实情况； （8）掌握辖区气象海况，做好预警预防，按照规定采取限禁航措施。
重点时段（四季五期）	四季	1. 冬季	（1）每年11月1日前部署“四防一禁”专项行动； （2）组织开展11·24安全“警示日”活动，全局进入三级应急响应状态； （3）加强督查，确保各项措施落到实处。
		2. 雾季	（1）掌握辖区实时雾情，及时发布预警信息； （2）组织开展雾航专项检查； （3）检查督导各分支局实施交通管制及各VTS中心交通组织和信息服务落实情况。

续上表

项目	内　　容		关 键 环 节
重点时段（四季五期）	四季	3. 旅游旺季	（1）协调指导各分支局加大现场巡查频次，联合当地政府及有关部门，严厉打击渔船、农用船、库区船舶非法载客等违法行为； （2）及时预警恶劣天气，组织实施交通管制； （3）检查督导各分支局严防船舶超载客等违法行为，督促公司严把旅客秩序关，严防旅客集中在船头、一舷、顶层甲板等情况发生。
		4. 鱼汛季节	（1）联合渔业部门开展培训和宣传教育，组织发放致渔民和船长的公开信、海上避险手册，提高船员安全意识及救生技能； （2）加强与渔业部门的信息沟通，适时开展联合执法活动； （3）及时对恶劣气象预警。
	五期	1. 春运（含春节）期间	（1）提前部署，周密安排安全监管和应急值班工作； （2）突出重点，组织各分支局开展专项检查； （3）强化预警预防和应急值班； （4）督促检查各单位现场监管开展情况。
		2.“两会”等重大会议期间	
		3. 元旦、清明、端午、五一、十一、中秋等国家法定节日期间	
		4. 重大军事活动、重大体育赛事及群众性水上活动期间	（1）依据部队要求指导分支局制定军事活动海事保障方案； （2）划定或指导分支局划定比赛及活动水域； （3）制定或指导分支局制定赛事及活动海事保障方案； （4）科学调配监管力量和应急保障资源，组织或指导分支局实施赛事及活动海事保障方案。
		5. 高温（36 ℃以上）期间	（1）及时转发高温预警信息； （2）组织开展专项检查； （3）督促检查活动开展情况。

续上表

项目	内容		关键环节
重点气象海况（两大两低）	两大	1. 大风（海上出现7级及以上大风）	（1）密切跟踪恶劣气象海况变化趋势，及时发布海上风险预警，启动应急响应程序； （2）对各分支局预警预防工作进行指导调度，落实各项预警预防工作措施； （3）检查督导各分支局实施交通管制及各VTS中心交通组织和信息服务落实情况； （4）合理调配应急资源，及时处置海上突发事件。
		2. 大潮（超过当地警戒潮位30厘米以上大高潮）	
	两低	1. 低能见度（大雾、大雪、大雨等造成海上能见度不足500米）	（1）掌握辖区实时能见度情况，及时发布预警信息； （2）检查督导各分支局实施交通管制及各VTS中心交通组织和信息服务落实情况。
		2. 低温（对船舶航行安全和港口生产产生严重影响的大冰冻）	（1）掌握冰情信息及海冰发展动态，及时发布预警和安全信息； （2）指导调度各分支局、执法总队对辖区水域进行巡视检查； （3）检查督导各分支局实施交通管制、交通组织和信息服务落实情况。
重点区域（部位）（七区八线）	七区	青岛、烟台、日照、威海、潍坊、东营、滨州辖区主要港口及其附近水域	（1）指导各分支局及时掌握七区水域通航环境变化情况，采取针对性措施，不断优化通航环境； （2）指导各分支局、北海海巡执法总队发挥VTS、AIS、CCTV的作用，与海上巡航形成合力，维护七区水域良好通航秩序； （3）指导各分支局实施网格化管理，开展“三巡”工作，做好七区水域的安全监管和应急工作。
	八线	省际客滚航线	（1）指导各分支局、北海海巡执法总队落实网格化管理与服务要求，强化“三巡”工作，维护相关航线水域良好的通航环境和通航秩序； （2）检查督导各分支局预警预防、交通管制、交通组织和信息服务等落实情况； （3）督促各分支局严格落实客船与搜救中心合作计划，随时做好应急处置准备工作。
		国际客运航线	
		陆（岛）岛客运航线	
		滨海旅游航线	

续上表

项目	内容		关键环节
重点区域（部位）（七区八线）	八线	成山头水道	（1）组织相关分支局发挥 VTS、AIS、CCTV 的作用，做好交通组织和信息服务等工作； （2）组织开展海上巡航，与渔业部门联合执法，遏制商渔船碰撞事故的发生； （3）及时处置海上突发事件。
		长山水道	
		青岛至石岛习惯航路	
		成山头至老铁山水道习惯航路	

四、“四重一关键”实践应用及成效

（一）总体成效

从“四重一关键”实施以来海事监管效果来看，确保了辖区重点对象得到重点监管，关键环节得到有效落实，大大提升了海事科学监管水平，对牵牢海上安全“牛鼻子”，维护山东沿海海上安全形势稳定发挥了基础性作用。一是抓住了海上安全监管的主要矛盾和重中之重，根据“四重一关键”安全监管规律，进一步探索建立了客运船舶“五制五关”、船载危险货物“六问六控”、恶劣气象海况“七严七防”长效机制，确保了海上旅游客运和危险品运输安全。二是确保了山东沿海海上安全形势持续稳定，运输船舶等级以上事故件数持续下降，险情总量呈逐年稳步下降的趋势，重大事故持续减少，有效遏制了重特大群死群伤性事故的发生。三是有力保障了山东地方港航经济快速发展，每年保障 10 余亿吨货物安全进出港和约 3000 万人次人民群众水上安全便捷出行。“四重一关键”实施后，全局将“四重一关键”作为安全工作的主要抓手，定期分析评估，完善内涵机制，并积极开展宣传引导，确保了广大干部职工熟知“四重一关键”内涵，明确关键环节举措，并能切实运用到实际工作中去。在分支局和海事处层面分别梳理形成了各自的“四重一关键”安全监管规律，确保了“四重一关键”的有效运行。

（二）实践应用

1. 烟台海事局“四重一关键”主要做法

为把握安全监管规律，实施科学有效监管，烟台海事局紧紧围绕着“安全”这一核心任务，牢牢抓住“四重一关键”，统筹协调好“生产线、监管线、保障线”三条线，在“责任、制度、监管、教育”四个方面下功夫，通过“行政执法、行政协调、行政指导”三种方式推动形成齐抓共管的格局，提升海上本质安全水平。

重点监管对象：“四重一特”

“四重”（四类重点船舶）：客船（含普通客船、高速客船、旅游船、邮轮、客滚船、客渡船、火车轮渡、载货汽车滚装船）、危险品船、砂石船、易流态化固体散装货物运输船舶。

“一特”（特殊船舶）：小型船舶、操限船、载运钢材船舶、试航船舶、沟通不畅船舶、全国“黑名单”船舶等对海上安全构成重大危害且易闯“大祸”的船舶。

重点时段：“四季三期”

“四季”：冬季、雾季、旅游旺季、鱼汛季节。

“三期”：春运、国家法定节假日期间；两会、中央全会等重要会议期间；重大水上军事、体育、民俗活动期间。

重点气象海况：“风、潮、雾、冰”

“风”（大风）：因台风、寒潮等引起的海上出现 7 级及以上大风。

“潮”（大潮）：超过当地警戒潮位 30 厘米以上大高潮。

“雾”（大雾）：因雾、雪、雨、霾等造成海上能见度不足 1000 米。

“冰”（冰冻）：严重影响船舶航行或港口生产的海冰灾害。

重点区域（部位）：“七区六线”

“七区”：莱州（莱州港、华电码头、海庙港、朱旺港）、龙口（含招远春雨码头）、蓬莱（新港、西港、栾家口港）、长岛（长岛港、长岛北西八岛港）、八角（烟台西港区）、芝罘（含牟平港）、海阳。以上港区均含对应的航道、锚地水域。

“六线”：省际客滚航线（烟台 / 蓬莱 / 龙口—大连 / 旅顺航线）、国际客运航线（中韩客箱 / 货班轮航线、国际邮轮航线）、陆（岛）岛运输航线（蓬莱—长岛航线、烟台—崆峒岛航线、港栾—桑岛航线）、滨海旅游和海上游航线，长山水道、登州水道。

关键环节

各关键环节具体要求见表4。

表4

项目	内　　容			关 键 环 节
重点监管对象（四重一特）	四类重点船舶	客船	1. 客船（普通客船、高速客船、旅游船、邮轮、客滚船、客渡船、火车轮渡、载货汽车滚装船）	（1）落实客运安全“111”管理模式和“五制五关”长效机制，加强重点时段现场监管； （2）把握气象海况变化，做好预警预防，及时采取限禁航等交通管制措施； （3）加强对所属航运公司审核及日常监管力度； （4）加强船员适任培训和客船船员特殊培训的监督管理； （5）依据《客船船员监管指南》《客船船员防碰撞检查表》对客船船员开展检查； （6）加强与地方政府沟通，促进船舶更新升级，划定旅游活动水域及安全航线。
		危险品船	2. 载运危险货物的集装箱船和散装液货船舶，特别是载运散装液货船舶，如散装化学品船舶、散装液化气船舶、油轮等	（1）深化船舶载运危险货物安全监管长效机制，提高安全监管规范化、精细化水平； （2）严把船舶载运危险货物申报审批关，严厉打击船舶载运危险货物谎报瞒报行为； （3）强化船舶检查，确保船舶安全状况和装载状况符合有关要求； （4）加强载运危险货物船舶船员实操能力检查； （5）重点抓好高温等特殊时段的监督检查； （6）落实载运危险货物船舶动态监控要求。
		砂石船	3. 采砂船、运砂船、石料运输船、抛石船等	（1）严格水上水下活动的许可，严把涉水工程的审批关，强化源头管理； （2）加强现场监管，督促建设、施工单位和船公司、船舶所有人、经营人落实安全生产主体责任，及时处置非法、违法砂石运输船舶和施工作业； （3）推动属地责任落实，建立政府主导、各司其职、部门联动的执法机制，形成监控合力。

续上表

项目	内容			关键环节
重点监管对象（四重一特）	四类重点船舶	易流态化货物运输船舶	4. 载运铁精矿、高岭土、红土镍矿和其他具有类似物理性质的货物的船舶	（1）严格落实船舶载运易流态化固体散装货物报告制度，重点做好降水后货物含水量、适运水分极限的核对工作； （2）加强载运易流态化固体散装货物船舶现场检查。
	特殊船舶		5. 小型船舶、操限船、载运钢材船舶、试航船舶、沟通不畅船舶、全国黑名单船等对海上安全构成重大危害且易闯“大祸”的船舶	（1）加强对船舶适航、船员适任的监督检查，严格落实黑名单船到港必查制度； （2）加强巡查，精准执法，完善航运公司、海事监管与港航监管联动机制，严厉打击非法船舶从事运输及作业，形成对低标准船舶的强大威慑力； （3）严格按照批（核）准的码头靠泊条件控制大型船舶靠离泊； （4）加强试航船监管，发布试航航行通告，严格试航范围和试航风级要求，加强动态监控； （5）督促加强船员应急应变能力、和实操能力及不同国籍船员之间交流能力的检查； （6）掌握辖区气象海况，做好预警预防，按照规定采取限禁航措施。
重点时段（四季三期）	四季		1. 雾季	（1）开展雾航专项检查； （2）强化雾航知识宣传和安全警示教育； （3）跟踪能见度变化，及时发布风险预警信息； （4）加强交通组织和信息服务，根据能见度变化果断采取交通管制措施。
			2. 旅游旺季	（1）联合地方政府及其相关部门，严厉打击“三无船”、帆船等非法载客行为； （2）严查旅游客船超载客、超限定水域航行等违规行为； （3）督促公司严把旅客秩序关，严防旅客集中在船头、一舷、顶层甲板等情况发生。
			3. 鱼汛季节	（1）联合渔业部门开展培训和宣传教育，提高渔民、船员安全意识及救生技能； （2）加强与渔业部门的信息沟通，开展联合执法行动； （3）根据渔船作业动态及时发布渔船较多航行安全信息。

续上表

项目	内容		关键环节
重点时段（四季三期）	四季	4. 冬季	（1）开展 11·24 安全警示日活动，全局进入三级响应状态； （2）坚持完善寒潮大风防抗工作指挥调度制度； （3）做好“四防一禁”工作。
	三期	1. 春运、国家法定节假日期间	（1）严格落实领导带班、24 小时值班和应急待命制度； （2）加强对“四类重点船舶”和“特殊船舶”的巡查检查； （3）强化交通组织服务，保障旅客及重点物资运输安全畅通有序。
		2. 两会、中央全会等重要会议期间	
		3. 重大水上军事、体育、民俗活动期间	（1）制定军事活动、体育赛事及民俗活动海事保障方案； （2）划定比赛及活动水域； （3）加强对活动或比赛水域的动态监控和交通管制； （4）做好活动期间的水上应急处置工作。
重点气象海况（风、潮、雾、冰）	大风	1. 因台风、寒潮等引起的海上出现 7 级及以上大风	（1）及时发布海上风险预警，落实预警预防措施，启动应急响应程序； （2）加强交通组织和信息服务，及时、果断采取交通管制措施； （3）合理调配应急资源，及时处置海上突发事件。
	大潮	2. 超过当地警戒潮位 30 厘米以上大高潮	
	大雾	3. 因雾雪雨霾等造成海上能见度不足 1000 米	（1）实时掌握能见度情况，及时发布预警信息； （2）加强交通组织和信息服务，严格落实港口能见度不良禁限航标准。
	海冰	4. 对船舶航行和港口生产产生严重影响的海冰灾害	（1）加强对海冰巡视检查，掌握海冰发展动态； （2）督促航标部门及时更换冰期浮标； （3）及时发布航行安全信息； （4）加强交通组织和信息服务，必要时实施交通管制。

续上表

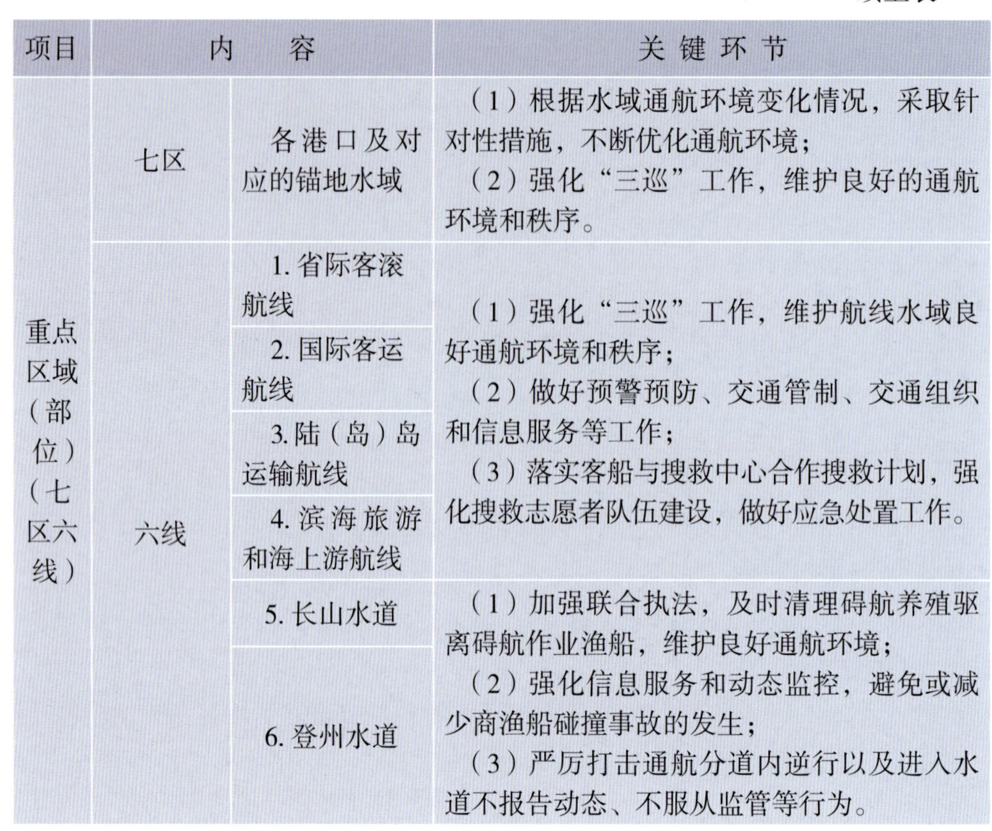

项目	内容		关键环节
重点区域（部位）（七区六线）	七区	各港口及对应的锚地水域	（1）根据水域通航环境变化情况，采取针对性措施，不断优化通航环境； （2）强化“三巡”工作，维护良好的通航环境和秩序。
	六线	1. 省际客滚航线	（1）强化“三巡”工作，维护航线水域良好通航环境和秩序； （2）做好预警预防、交通管制、交通组织和信息服务等工作； （3）落实客船与搜救中心合作搜救计划，强化搜救志愿者队伍建设，做好应急处置工作。
		2. 国际客运航线	
		3. 陆（岛）岛运输航线	
		4. 滨海旅游和海上游航线	
		5. 长山水道	（1）加强联合执法，及时清理碍航养殖驱离碍航作业渔船，维护良好通航环境； （2）强化信息服务和动态监控，避免或减少商渔船碰撞事故的发生； （3）严厉打击通航分道内逆行以及进入水道不报告动态、不服从监管等行为。
		6. 登州水道	

5年来，烟台海事局通过对“四重一关键”监管规律的牢牢把握和探索实施，“四重一关键”管理理念逐渐深入人心，科学监管水平和安全监管效能得到明显提升。VTS监控船舶71.6万艘次，查纠违章行为1034起；实施船舶安全检查4925艘次，滞留225艘；组织救助行动160起，成功救助1738人，保障11.25亿吨货物、55.4万艘次进出港船舶、3.23亿吨危险货物、5438万人次旅客海上安全运输和出行安全。

2. 济南海事局“四重一关键”主要做法

（1）重点监管对象

①船员培训机构；

②船舶修造机构。

（2）重点时段

①重大社会事件、重大水上活动、“春运”“两会”等重要时期；“春运”“两会”等重要时期；

②“春节”“五一”“十一”等国家法定节假日期间。

（3）重点气象海况

造成重大社会影响的恶劣天气、海洋灾害等气象海况。

（4）关键环节

各关键环节具体要求见表5。

表5

项目	内　　容	关 键 环 节
重点监管对象	船员培训机构	培训开班备案
		教训计划执行
		师资管理
		设施设备管理
		学员出勤
		培训质量
		体系运行
	船舶修造机构	修造船舶船检质量监督
		船舶建造重要日期确认
		船舶吨位丈量复核
重点时段	1. 重大社会事件、重大水上活动、“春运”“两会”等重要时期	应急待命
		监督检查
	2. “春节”“五一”“十一”等国家法定节假日期间	应急待命
		监督检查
重点气象海况	造成重大社会影响的恶劣天气、海洋灾害等气象海况	在岗值班，保持24小时联系畅通，进入应急值班岗位

3. 青岛海事局“四重一关键”主要做法

重点监管对象：“四类重点船舶”、对海上安全构成重大危害且易闯“大祸”的船舶、船员和船公司

（1）客船（含普通客船、高速客船、旅游船、邮轮、客滚船、客渡船、载货汽车滚装船）、危险品船、砂石船、易流态化固体散装货物运输船舶。

（2）对海上安全构成重大危害且易闯“大祸”的船舶（超大型船舶、

试航船舶、操纵受限船舶、全国“黑名单”船、山东省C级船舶和青岛海事局确定的重点检查目标船、语言沟通不畅以及不按规定值守的进出港船舶、钢材运输船舶）。

重点时段：“四季五期”

四季：

（1）冬季；

（2）雾季；

（3）旅游旺季；

（4）鱼汛季节。

五期：

（1）春运期间（含春节）；

（2）重要会议期间（两会、中央全会等）；

（3）节日期间（元旦、清明、端午、五一、十一、中秋等国家法定节假日）；

（4）重大水上活动期间（重大海上军事活动、重大体育赛事及群众性水上活动等）；

（5）高温期间（36℃以上）。

重点气象海况：“三大两低”

三大：

（1）大风（海上出现7级及以上大风）；

（2）大浪（海上浪高达3米以上，包括超过当地警戒潮位30厘米以上大高潮）；

（3）大寒潮（冷空气侵入造成的降温，一天内达到10℃以上，而且最低气温在5℃以下）。

两低：

（1）低能见度（大雾、大雪、大雨等造成海上能见度不足500米）；

（2）低温（对船舶航行安全和港口生产产生严重影响的大冰冻）。

重点区域（部位）：“两区六线”

两区：

（1）VTS监控区域；

（2）海事处责任区域。

六线：

（1）青—黄航线；

（2）前海旅游一线；

（3）超大型船舶专用航线；

（4）陆岛运输航线；

（5）液货码头航线；

（6）青岛至石岛习惯航路青岛辖区段。

关键环节

各关键环节具体要求见表6。

表6

项目	内容		关键环节
重点监管对象	四类重点船舶	1. 客船	（1）落实“五制五关”要求； （2）掌握辖区气象海况，在恶劣气象海况条件下按照规定采取限禁航等交通管制措施； （3）定期组织开展专项督查和检查； （4）加强船舶配员检查，严防船舶无证驾驶等违法行为； （5）加强对船舶技术状况、船员实操、救生演练和应急反应能力的检查； （6）加强对公司的监督管理，落实企业的安全生产主体责任； （7）对客运船舶实施动态监控。
		2. 危险品船	（1）落实船载危险货物安全监管“六问六控”长效机制； （2）加强船舶载运危险货物的申报审批管理，严格落实船舶载运危险货物申报单位诚信管理制度，加强信誉管理； （3）对重点危险品船进出港实行全程动态监控，及时安排护航，必要时实施交通管制； （4）掌握辖区气象海况，在恶劣气象海况条件下按照规定采取限禁航等交通管制措施； （5）对危险品装卸作业和危险品船舶在辖区进行差异化监控，特别加强对散装油类、危险化学品装卸、船舶洗舱和驱气作业的关键操作现场监管；

续上表

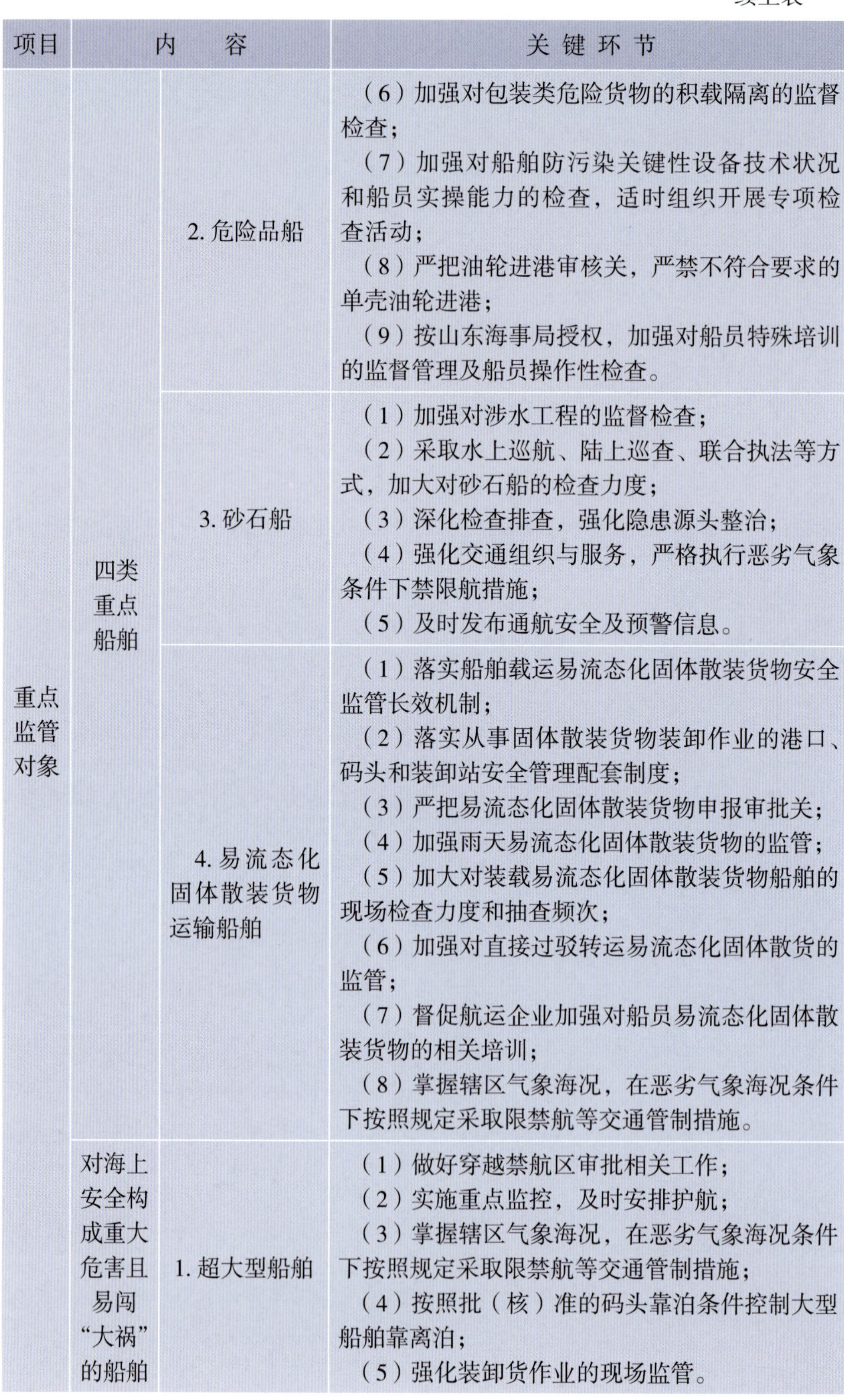

项目	内容		关键环节
重点监管对象	四类重点船舶	2. 危险品船	（6）加强对包装类危险货物的积载隔离的监督检查； （7）加强对船舶防污染关键性设备技术状况和船员实操能力的检查，适时组织开展专项检查活动； （8）严把油轮进港审核关，严禁不符合要求的单壳油轮进港； （9）按山东海事局授权，加强对船员特殊培训的监督管理及船员操作性检查。
		3. 砂石船	（1）加强对涉水工程的监督检查； （2）采取水上巡航、陆上巡查、联合执法等方式，加大对砂石船的检查力度； （3）深化检查排查，强化隐患源头整治； （4）强化交通组织与服务，严格执行恶劣气象条件下禁限航措施； （5）及时发布通航安全及预警信息。
		4. 易流态化固体散装货物运输船舶	（1）落实船舶载运易流态化固体散装货物安全监管长效机制； （2）落实从事固体散装货物装卸作业的港口、码头和装卸站安全管理配套制度； （3）严把易流态化固体散装货物申报审批关； （4）加强雨天易流态化固体散装货物的监管； （5）加大对装载易流态化固体散装货物船舶的现场检查力度和抽查频次； （6）加强对直接过驳转运易流态化固体散货的监管； （7）督促航运企业加强对船员易流态化固体散装货物的相关培训； （8）掌握辖区气象海况，在恶劣气象海况条件下按照规定采取限禁航等交通管制措施。
	对海上安全构成重大危害且易闯“大祸”的船舶	1. 超大型船舶	（1）做好穿越禁航区审批相关工作； （2）实施重点监控，及时安排护航； （3）掌握辖区气象海况，在恶劣气象海况条件下按照规定采取限禁航等交通管制措施； （4）按照批（核）准的码头靠泊条件控制大型船舶靠离泊； （5）强化装卸货作业的现场监管。

续上表

项目	内容		关键环节
重点监管对象	对海上安全构成重大危害且易闯"大祸"的船舶	2. 试航船舶	（1）加强对试航船舶报备材料的审查； （2）加强对试航船舶的现场监督检查； （3）加强对试航船舶的动态监控； （4）及时发布通航安全和海上风险预警信息； （5）严格落实恶劣海况禁限航措施。
		3. 操纵受限船舶	（1）做好大型设施、移动式平台等特殊船舶拖带出港行政许可； （2）做好大型设施、移动式平台等特殊船舶拖带出港前现场监督检查； （3）实施重点监控，及时安排护航，提供信息服务和交通组织服务； （4）必要时，及时拟发航行警告。
		4. 全国"黑名单"船、山东省C级船舶和青岛海事局确定的重点检查目标船	（1）加强安全检查力度； （2）加强港内船舶油类作业审批，严把审批关； （3）严格落实港内供受油作业单位、船舶备案管理制度，加强船舶现场作业监督管理； （4）落实港内油类作业单位、船舶信誉管理制度，实施信誉管理； （5）结合辖区实际，实时更新辖区重点检查目标船舶。
		5. 语言沟通不畅以及不按规定值守的进出港船舶	（1）督促船舶代理公司提前将青岛港有关法律、法规、规定等发给船舶及其公司，要求船长熟知并严格遵守； （2）重点监控，必要时要求代理联系引航员远程引航或派翻译到VTS值班室协助值班； （3）提醒其周围船舶密切注意其动态，提早采取避让措施，避免出现紧迫局面； （4）严厉打击违反通航秩序的违法违章行为； （5）加强船舶安全检查。
		6. 钢材运输船舶	（1）加强对钢材运输船舶的现场监管，重点检查超载、积载、绑扎、封舱等情况，对于发现的安全隐患要求船舶立即整改，对严重影响船舶航行安全的要依法禁止船舶开航； （2）掌握辖区气象海况，在恶劣气象海况条件下按照规定采取限禁航等交通管制措施。

续上表

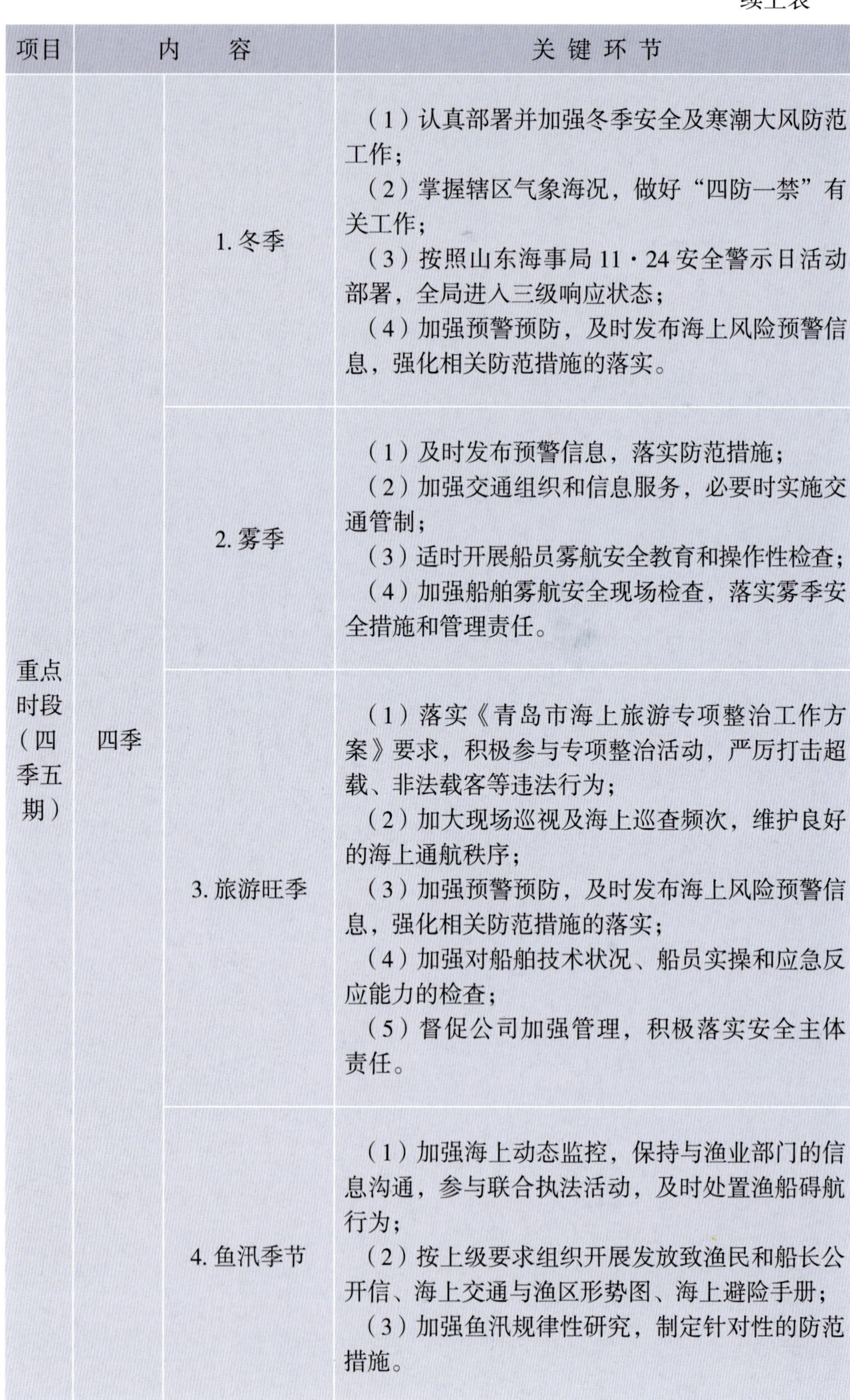

项目	内容		关键环节
重点时段（四季五期）	四季	1. 冬季	（1）认真部署并加强冬季安全及寒潮大风防范工作； （2）掌握辖区气象海况，做好“四防一禁”有关工作； （3）按照山东海事局11·24安全警示日活动部署，全局进入三级响应状态； （4）加强预警预防，及时发布海上风险预警信息，强化相关防范措施的落实。
		2. 雾季	（1）及时发布预警信息，落实防范措施； （2）加强交通组织和信息服务，必要时实施交通管制； （3）适时开展船员雾航安全教育和操作性检查； （4）加强船舶雾航安全现场检查，落实雾季安全措施和管理责任。
		3. 旅游旺季	（1）落实《青岛市海上旅游专项整治工作方案》要求，积极参与专项整治活动，严厉打击超载、非法载客等违法行为； （2）加大现场巡视及海上巡查频次，维护良好的海上通航秩序； （3）加强预警预防，及时发布海上风险预警信息，强化相关防范措施的落实； （4）加强对船舶技术状况、船员实操和应急反应能力的检查； （5）督促公司加强管理，积极落实安全主体责任。
		4. 鱼汛季节	（1）加强海上动态监控，保持与渔业部门的信息沟通，参与联合执法活动，及时处置渔船碍航行为； （2）按上级要求组织开展发放致渔民和船长公开信、海上交通与渔区形势图、海上避险手册； （3）加强鱼汛规律性研究，制定针对性的防范措施。

续上表

项目	内容		关键环节
重点时段（四季五期）	五期	1. 春运期间（含春节）	（1）严格落实领导带班、值班值守和应急待命制度； （2）突出重点，加强对“四类重点船舶”专项检查； （3）密切跟踪气象海况，加强恶劣气象海况的预警预防工作，严格落实船舶禁限航规定； （4）加强客运船舶安全检查及客运现场监管； （5）严格落实事故“零”报告制度和信息报送制度； （6）充分发挥 VTS 系统功能，与海上巡航形成合力，维护良好的通航秩序。
		2. 重要会议期间（两会、中央全会等）	
		3. 节日期间（元旦、清明、端午、五一、十一、中秋等国家法定节假日）	
		4. 重大水上活动期间（重大海上军事活动、重大体育赛事及群众性水上活动等）	（1）认真做好活动审批工作； （2）拟发航行通（警）告； （3）制定赛事及活动海事保障方案； （4）按照保障方案要求，做好活动或赛事水域的动态监控、交通管制、海上巡航等工作； （5）做好活动期间的水上应急处置工作。
		5. 高温期间（36℃以上）	（1）发布高温预警信息； （2）加强高温期间载运易燃、易爆、易自燃危险品船舶的现场监管，开展专项检查； （3）制定并实施高温期间特殊安全监管措施； （4）加强值班，做好突发事件应急处置准备。
重点天气海况（三大两低）	三大	1. 大风	（1）密切跟踪气象海况动态，及时发布的大风、大浪、寒潮预警信息； （2）加强交通组织、提供信息服务，按规定实施交通管制； （3）加强现场巡查，排查治理安全隐患； （4）严格落实和检查恶劣天气下领导带班和应急值班制度，保持应急通信畅通； （5）合理调配应急资源，及时处置海上突发事件。
		2. 大浪	
		3. 大寒潮	
	两低	1. 低能见度	（1）掌握辖区能见度情况，及时发布预警信息； （2）加强交通组织、提供信息服务，按规定实施交通管制； （3）按要求执行恶劣天气下领导带班和应急值班制度。
		2. 低温	（1）跟踪冰情信息及海冰发展动态，及时发布预警和安全信息； （2）加强水域巡航及沿岸陆域巡视； （3）加强交通组织、提供信息服务，按规定实施交通管制； （4）按要求执行领导带班和应急值班制度。

续上表

项目	内　　容		关 键 环 节
重点区域（部位）（两区六线）	两区	1.VTS 监控区域	（1）及时掌握通航环境变化情况，采取针对性措施，不断优化通航环境； （2）充分发挥 VTS 系统功能，与海上巡航形成合力，维护良好通航秩序； （3）按照网格化管理有关要求，开展“三巡”工作，做好安全监管和应急工作； （4）做好监控区域内的信息服务、交通组织和助航服务； （5）做好监控区域内船舶违法违章行为的录音、影像证据的收集，按规定移交相关海事处处置； （6）加强前海 1 号锚地监控，及时处置锚泊船漂移进航道的情况； （7）强化大风期间锚泊船舶的监控，提醒船舶保持安全距离，采取措施预防船舶走锚； （8）强化定线制水域 3 个警戒区的监控力度，提醒船舶加强瞭望，及早协调沟通，提前采取避让措施。
		2. 海事处责任区域	（1）及时掌握通航环境变化情况，采取针对性措施，不断优化通航环境； （2）发挥 AIS、CCTV、科学监管平台的作用，与现场巡航形成合力，维护良好的通航秩序； （3）按照通航水域“三巡”管理服务标准，开展“三巡”和日常监管； （4）对责任水域内发生的船舶违法违章行为进行调查处理； （5）按职责分工组织和参与责任水域内发生的海上安全和防污染事故的应急反应处置； （6）密切跟踪气象海况动态，在恶劣气象海况条件下按照规定采取限禁航等交通管制措施； （7）做好油水供给船、污油水回收作业船舶的现场检查； （8）加强修造船厂的船舶试航、污染物接受作业安全监管；加强对船厂防污染应急预案、防污染器材配备的监督检查； （9）加强对施工作业区的施工船安全检查，督促企业落实安全生产主体责任； （10）加强对液货船、危险品船作业期间现场安全监管、码头防污染和消防应急能力检查； （11）加强未开放或临时开放码头的监管，重点做好码头防污染措施和设施的监督检查、船舶靠泊的审核和现场监管，督促业主落实安全监管配套设施。

续上表

项目	内　容		关 键 环 节
重点区域（部位）（两区六线）	六线	1. 青—黄航线	（1）恶劣气象海况下发布恶劣天气预警信息，落实恶劣气象条件下禁（限）航规定； （2）加强现场检查和海上巡航力度，防止超载行为，维护良好的航行秩序； （3）加强动态监控，及时提供信息服务，维护良好的通航秩序。
		2. 前海旅游一线	（1）恶劣气象海况下发布恶劣天气预警信息，落实恶劣气象条件下禁（限）航规定； （2）加强现场检查和海上巡航力度，防止超载行为，维护良好的航行秩序； （3）配合地方政府，做好前海旅游船舶整治工作； （4）加强前海水域通航规则实施的监督检查。
		3. 超大型船舶专用航线	（1）制定超大型船舶使用专用航线建议书，及时传送代理公司； （2）监督超大型船舶按照规定的时间通过专用航线； （3）控制恶劣气象海况下专用航线的使用。
		4. 陆岛运输航线	（1）恶劣气象海况下发布恶劣天气预警信息，落实恶劣气象条件下禁（限）航规定； （2）落实“三巡”要求，维护良好的航行秩序。
		5. 液货码头航线	（1）实施重点监控； （2）加强海上巡航力度，维护良好的航行秩序。
		6. 青岛至石岛习惯航路青岛辖区段	（1）做好 VTS 监控水域内的交通组织和信息服务等工作； （2）根据山东局统一部署，落实日常巡航工作； （3）强化应急值守，及时处置海上突发事件； （4）利用科学监管平台对 VTS 监控水域外实施电子巡查。

5 年来，青岛海事局认真落实“四重一关键”监管规律，有力地提升了海事科学监管水平。共安全监管进出港船舶 92.8 万艘次，其中载运危险货物船舶 7.1 万艘次；VTS 跟踪船舶 52.4 万艘次，重点监控 17.7 万艘次；实施 PSC 检查 2190 艘次、FSC 检查 3173 艘次；共组织搜救行

动187起，协调船艇2434艘次、飞机42架次，成功救助1246人，有力保障了辖区2655.6万人次水上安全便捷出行和18.3亿吨货物安全进出港。

4. 日照海事局“四重一关键”主要做法

总体要求：全力确保客运安全；科学监管危货运输；有效预防渔商碰撞；及早防抗极端天气；快速处置海上险情；积极防备重大污染。

重点监管对象：“四类重点船舶”

（1）中韩客滚船及沿海旅游船艇；

（2）危险品运输及作业船；

（3）砂石运输船、施工作业船及长期停航船；

（4）载运钢材及易流态化固体散装货物运输船舶。

重点时段：“四季两期”

四季：

（1）雾季（3月~7月）；

（2）旅游旺季（5月~10月）；

（3）台风季节（7月~9月）；

（4）寒潮大风季节（11月~次年2月）。

两期：

（1）每年春运、“两会”、中央全会及法定节假日期间；

（2）重大水上活动期间（重大海上军事活动、大型水上体育赛事及群众性水上活动期间）；

（3）高温期间（36℃以上）。

重点气象海况：“两大一高一雷电”

两大：

（1）大风（海上出现7级及以上大风，包括因大风造成的2.5米及以上的大浪）；

（2）大雾（包括雾、霾、雨雪等致使海上能见度低于500米时）。

一高：高温（36℃以上）

一雷电：雷电天气。

重点区域/部位：“五区一线”

五区：

（1）航道锚地区；

（2）施工作业区；

（3）沿海旅游区；

（4）危险品作业区；

（5）商渔船密集交汇区。

一线：中韩班轮航线。

关键环节

各关键环节具体要求见表7。

表7

项目	内　容		关 键 环 节
重点监管对象（四类船舶）	中韩客滚船及沿海旅游船艇	中韩客滚船	（1）严格落实“五制五关”“七防两禁”“2+1”动态监控、“三查一会一监控”和“三联一延”监管机制，牢牢抓住客运监管“牛鼻子”； （2）指导公司良好运行安全管理体系，督促公司加强船舶和船员管理，认真落实安全生产主体责任，做好源头风险防控工作； （3）按照要求对船舶进行单船监控，及时提供安全信息，落实船舶禁（限）航规定，保障船舶航行及作业安全； （4）严格办理船舶进出港手续、靠离泊计划和各类安全方案，科学组织船舶交通，保障船舶进出港安全； （5）严格PSC检查和现场监督，重点加强船舶操纵、船员实操和应急演练的检查，指导公司开展船岸联合演习，提高船舶航行安全及应急反应能力； （6）每月召开客箱班轮月度联席会，传达上级有关客船监管的相关要求，通报日常监管中发现的问题，落实三方搜救合作协议，督促公司建立恶劣气象开航配套制度，做好船舶应急管理工作； （7）定期开展中韩客滚船单船安全综合评价，严格实施差异化监管措施； （8）建立船员动态管理机制，加强船员履职能力检查，把好船员适任关。

续上表

项目	内容		关键环节
重点监管对象（四类船舶）	中韩客滚船及沿海旅游船艇	沿海旅游船艇	（1）严格旅游船艇登记管理工作，严把旅游船艇航行准入关； （2）督促公司加强内部管理，帮助船公司建立完善内部安全管理制度和具体管理措施，落实船员及现场人员监管责任； （3）加强旅游船艇船舶安全监督检查和船检质量监督，提高船舶安全技术状况； （4）加强旅游船现场监督管理，严格节假日、双休日等旅游高峰期的现场监管，督促落实恶劣气象条件下禁（限）航规定，督促企业落实“四个禁止”（禁止非法经营、禁止船舶超载、禁止酒后上岗、禁止冒险航行），严格查处“四超一不”等违章违法行为； （5）加强旅游船艇船员适任培训和船舶配员检查，严厉打击船舶配员不满足要求行为； （6）加强高速客船和载客帆船安全监督，督促船舶按照高速船安全管理规定和市政府 77 号令的要求合法航行； （7）发挥“四联”机制作用，推动地方政府主导、多方联动，强化重点整治，配合市安委办在旅游旺季开展联合执法； （8）加强对导游、旅游船从业人员以及旅游船公司所属村干部的法制宣传和安全知识教育与引导，提高其安全自律意识。
	危险品运输及作业船		（1）严把危险品船舶审批关，保证到港船舶适航、适装、适靠，并符合港口泊位能力和安全作业条件； （2）严格审核船舶靠离泊计划及各类安全作业方案，提前掌握风力海况动态，确保符合船舶通航安全条件； （3）加强对进出港船舶动态监控，及时提供安全信息，必要时，实施船舶交通管制或派海巡船艇出海护航； （4）加强与港口、引航等部门的沟通，制定安全措施和应急方案，保障船舶进出港安全； （5）加强对船舶现场作业的安全监管，督促作业人员严格遵守安全规程，落实船岸应急措施和防污措施； （6）加大对危险品码头的定期检查，及时发现现场异常情况，督促企业进行整改； （7）定期抽查船舶 AIS 开启、高频值守等情况，加强 VTS 中心与海事处信息通报，纠正船舶航行及作业安全隐患； （8）发挥海事、码头、船舶三方信息互动机制，督促港口和船舶严格落实“船 / 岸安全检查表”相关要求，尤其是作业前和作业结束后的沟通协调； （9）深入开展船载危险货物“四联机制”，助推企业建立选船机制。

续上表

项目	内容		关键环节
重点监管对象（四类船舶）	砂石运输船、施工作业船及长期停航船	砂石运输船	（1）通过海上巡航、VTS 监控和陆域巡视等手段，加强对海上疑似砂石运输船的跟踪监控，做好工作沟通和信息互通，形成砂石运输船打击治理合力； （2）按照网格化管理要求，定期开展岸线巡视巡查工作，排查砂石装卸站点，并对船舶证件、作业情况进行现场检查； （3）加大海上砂石运输船排查治理力度，掌握非法砂石运输船活动规律和习惯路线，提高打击治理工作的针对性； （4）加强现场执法证据的收集取证工作，通过滞留、处罚等手段，依法打击非法砂石运输船； （5）充分发挥“四联”机制作用，加强与市－区两级政府的工作对接，及时通报治理工作动态，积极依托地方政府，加强与相关部门联动，保持非法砂石运输船打击高压态势； （6）充分利用社会举报渠道，做好信息传递和现场检查，并及时通报区政府及相关单位； （7）坚持疏堵结合原则，鼓励合格海船参与海上砂石运输； （8）加大非法砂石运输宣传力度，通过社会监督、举报等形式，形成砂石运输船全社会打击治理的良好氛围。
		施工作业船	（1）加强对建设单位及施工项目部的管理，督促其加强施工作业船舶和船员的安全管理，严禁使用不符合要求的船舶尤其是渔业船舶参与施工作业或为施工作业服务； （2）督促企业落实安全生产主体责任，加大安全投入，开展安全管理员和船员的安全培训活动，加强应急演练，增配必要的救生、通讯、AIS 等设备，加强船舶日常维护保养； （3）严格水工作业船舶资质审批，严禁不符合要求的船舶进入施工现场，对参与手续不完备水工项目的船舶和船况差的船舶下发整改或停工通知书； （4）加强水上水下施工现场监管，开展施工船舶及交通船、施工辅助船现场检查，严肃查处各类违法违规行为； （5）加大海上巡查和现场检查力度，督促施工船在公布的施工时间、范围内作业，正确显示号型、号灯，保持通信畅通；按数字化监管要求，做好施工船 AIS 电子巡查，发现问题，及时处置，在条件允许时，对施工船舶实施超载、配员核对等远程执法； （6）加强船舶动态监控，提醒商船与施工船舶保持联系，加强瞭望，谨慎驾驶，注意避让； （7）督促施工单位制定落实恶劣气象海况安全施工管理规定，完善应急反应预案，提醒作业船舶提前返港避风，严禁恶劣气象海况下冒险施工。

续上表

项目	内　　容		关 键 环 节
重点监管对象（四类船舶）	砂石运输船、施工作业船及长期停航船	长期停航船	（1）建立长期停航船台账，做好摸排和统计工作，做到“底数清，情况明”； （2）加强对船舶所有人、经营人或管理人的管理，督促企业落实安全生产主体责任； （3）加强日常工作中定期排查，及时掌握该类船舶相关情况，降低安全风险； （4）加大海上巡查和现场检查力度，督促长期停航船正确显示号型、号灯，保持通信畅通； （5）积极利用信息化监管手段，加大对该类船舶的电子巡查力度； （6）落实不定期点名制度，抽查长期停航船的船员值守情况； （7）遇到恶劣天气海况，及时传递预警信息，督促船舶采取防抗措施，避免险情事故发生。
	载运钢材及易流态化固体散装货物运输船舶		（1）督促装卸公司把好关口，未通过申报备案的，不得进行装卸作业，加强从业人员培训，提高从业人员专业技术水平和适岗能力； （2）严格载运钢材及易流态货船舶的适装检查，督促船舶严格落实货物装卸规程，保证船舶适装适运； （3）密切关注天气海况动态，严格落实船舶禁（限）航措施，避免船舶冒险出航； （4）加强船舶适航、货物适装及船员适任检查，尤其是船员的实操和值班情况的检查，降低人为事故风险。
重点时段（四季两期）	四季	雾季	（1）加强雾情监测，通过各种途径掌握辖区实时雾情，及时发布预警信息； （2）加强船舶雾航安全现场检查，督促落实雾季安全措施和管理责任，开展船舶雾航设施设备和船舶配员、实操等专项检查，提高船舶雾航安全水平； （3）加强能见度不良条件下的交通管制，必要时严格船舶禁限航措施； （4）加强对雾季船舶交通组织和信息服务，提醒船舶做好安全防范和应急保障措施； （5）加强雾季渔业安全管理和宣传，督促渔船远离航道和锚地等商船习惯航线作业，严防商渔船碰撞。

续上表

项目	内容		关键环节
重点时段（四季两期）	四季	旅游旺季	（1）更新、完善旅游场所安全警示标示，对游客海上旅游进行安全知识宣传； （2）加大现场监督和查处力度，严厉打击非法违法行为； （3）依靠政府及有关部门开展联合执法； （4）做好预警信息的发布和传递，抓好恶劣气象条件下禁（限）航措施的落实； （5）加强对船舶超载和船舶配员及实操检查，对安全检查中发现的问题严厉查处。
		台风季节	（1）密切关注台风预报动态，及时做好预警信息发布和防范措施的部署工作； （2）科学分析台风影响趋势，及时升级预警等级，建立在港船舶档案，保证与船舶联系渠道，做好台风应对准备工作； （3）台风影响期间，严格执行领导带班、值班值守和应急待命制度，保持全局信息畅通，形成防抗工作合力； （4）根据台风影响形势，加强与引航、港口的研商，提前做好船舶疏港工作，指导船舶采取离港、锚泊等安全措施； （5）台风正面影响时，提前疏导近岸在船人员，尽可能降低人命安全风险； （6）提前与引航、港口等沟通，制定科学的恢复生产计划和方案，合理控制船舶交通流，在保证安全的前提下提高港口生产效率； （7）加强宣传，向商船和渔船大力宣传大风、热带气旋防抗、海上安全航行和安全生产的有关规定； （8）加强内部安全管理工作，做好海巡船艇、执法车、办公场所及设施的防台工作。
		寒潮大风季节	（1）落实“四防一禁”举措，开展冬季安全大检查活动，集中治理冬季辖区内外安全隐患； （2）加强11·24安全警示日教育宣传活动，启动全局三级应急响应，强化领导带班、值班和应急待命制度； （3）密切关注天气海况，及时做好预警发布传递工作，提前部署海上防抗大风工作； （4）督促港口部门、施工单位加强海上生产、施工活动控制，加强船舶调度管理，防止冒险作业，确保在港船舶安全； （5）做好车辆、船艇及应急设施设备的维护检查，保证随时应对海上突发事件。

续上表

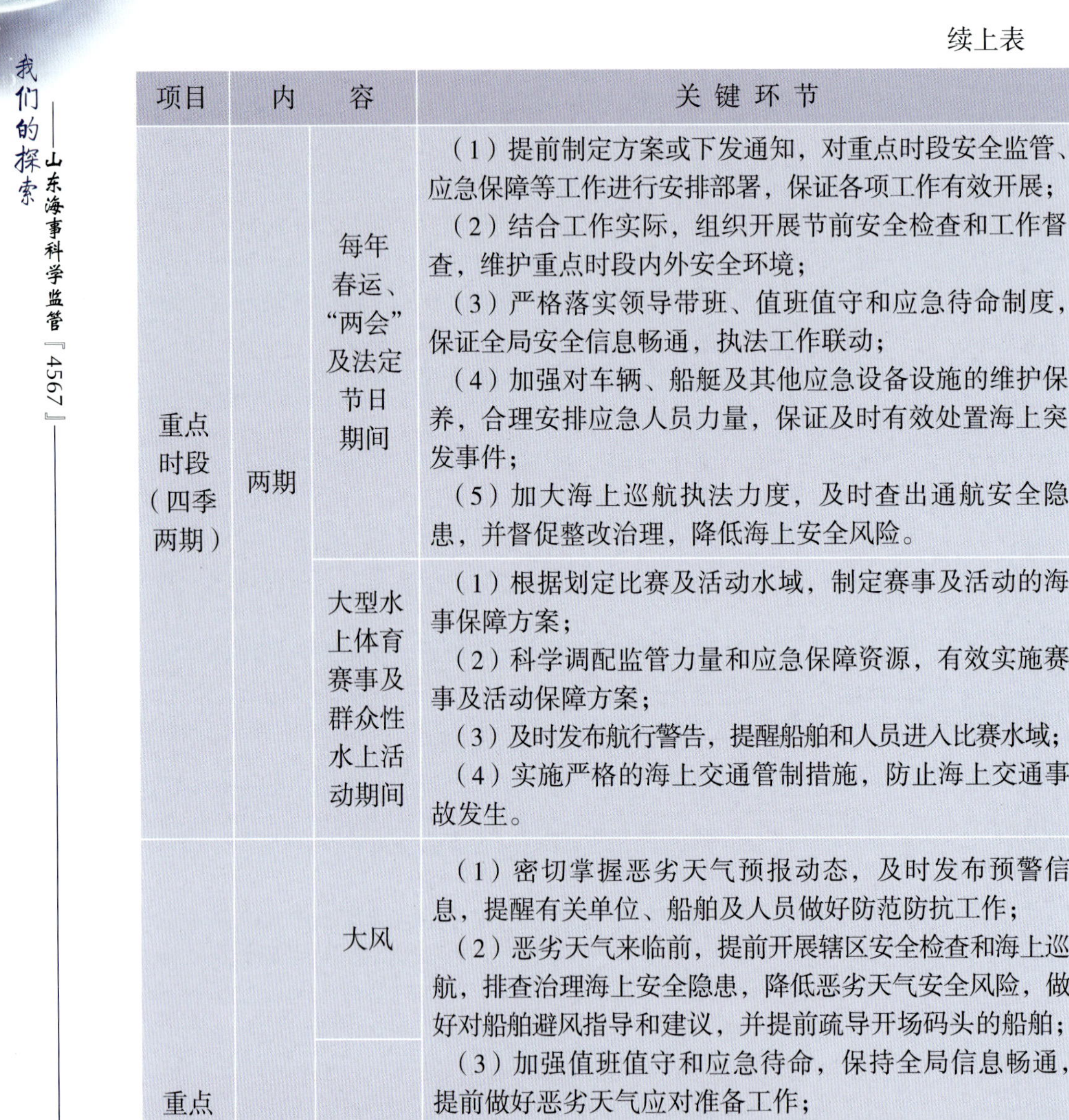

项目	内容		关键环节
重点时段（四季两期）	两期	每年春运、“两会”及法定节日期间	（1）提前制定方案或下发通知，对重点时段安全监管、应急保障等工作进行安排部署，保证各项工作有效开展； （2）结合工作实际，组织开展节前安全检查和工作督查，维护重点时段内外安全环境； （3）严格落实领导带班、值班值守和应急待命制度，保证全局安全信息畅通，执法工作联动； （4）加强对车辆、船艇及其他应急设备设施的维护保养，合理安排应急人员力量，保证及时有效处置海上突发事件； （5）加大海上巡航执法力度，及时查出通航安全隐患，并督促整改治理，降低海上安全风险。
		大型水上体育赛事及群众性水上活动期间	（1）根据划定比赛及活动水域，制定赛事及活动的海事保障方案； （2）科学调配监管力量和应急保障资源，有效实施赛事及活动保障方案； （3）及时发布航行警告，提醒船舶和人员进入比赛水域； （4）实施严格的海上交通管制措施，防止海上交通事故发生。
重点天气海况（两大一高一雷电）	两大	大风 大雾	（1）密切掌握恶劣天气预报动态，及时发布预警信息，提醒有关单位、船舶及人员做好防范防抗工作； （2）恶劣天气来临前，提前开展辖区安全检查和海上巡航，排查治理海上安全隐患，降低恶劣天气安全风险，做好对船舶避风指导和建议，并提前疏导开场码头的船舶； （3）加强值班值守和应急待命，保持全局信息畅通，提前做好恶劣天气应对准备工作； （4）加强对风力、海况及雾情的核实，严格执行禁（限）航标准，保持良好的港区通航秩序； （5）及时发布恶劣天气安全信息，提醒在港船舶注意做好防范防抗工作； （6）做好辖区避风船舶的摸排和统计工作，建立与船舶通信渠道，做到“底数清，情况明”； （7）根据寒潮预报动态，开展内部安全检查，做好防冻、防滑等防护工作，保证所属船艇、车辆营运安全； （8）加强所属船艇的维护保养工作，保证船员随时在船待命，做好应急准备工作； （9）宣传大雾、大风天气安全航行和禁限航知识，加强对船员的安全教育。

续上表

项目	内容		关键环节
重点天气海况（两大一高一雷电）	一高	高温	（1）及时掌握温度变化情况，发布高温、雷电天气预警信息，提前做好应急准备工作； （2）组织开展高温、雷电安全监管专项检查，督促指导船舶、码头落实应急预案； （3）增加现场作业检查密度，排查治理安全隐患，严格落实高温、雷电天气预防措施； （4）加强船舶现场检查，特别是危险品船舶的现场监督检查，及时纠正船舶存在的安全隐患； （5）加强危险品船舶夏季雷电天气条件下的安全生产措施落实情况督察，雷电天气下禁止危险品船舶靠离泊和作业； （6）督促船方、码头方严格落实《油船、油码头安全作业操作规程》，做好船岸应急准备； （7）督促船舶定时洒水，防止甲板管线爆裂； （8）加强对船员的实操检查，严格监管船岸危险货物装卸行为，杜绝违章作业。
	一雷电	雷电天气	
重点区域（部位）（五区一线）	五区	航道锚地区	（1）加强对航道、锚地周围区域的重点监控，提醒船舶加强值班瞭望，严格遵守航行规则，避免紧迫局面发生； （2）加强对航道、锚地及附近水域的巡航管理，及时发现碍航隐患和助航设施动态，保证良好的通航环境； （3）指导船舶选择合理的锚泊水域，严格规范引领行为，监督船舶严格遵守航行安全标准； （4）加强对超大型油轮、客箱班轮等重点船舶的交通组织，避免船舶在航道形成会遇风险； （5）加强对航道施工期间安全监管，保持与施工单位沟通，严格落实相关安全措施，避免船舶碰撞风险； （6）掌握港区附近水域渔业碍航动态，加强进出港船舶交通服务，减少商渔船碰撞及船舶进入养殖风险； （7）深化“四联机制”，加强与港口公安、渔业主管部门的沟通联系，加大海上联合巡航力度，严厉打击商渔船违章航行及生产作业行为。

续上表

项目	内　容		关 键 环 节
重点区域（部位）（五区一线）	五区	施工作业区	（1）严把水上水下施工作业审批关，坚决禁止不符合作业条件的项目和船舶参与施工作业，源头降低施工安全风险； （2）加强施工船现场安全检查，重点检查船舶安全状况、船舶配员及应急措施建立情况； （3）加强对施工水域的巡视监督，严厉打击超审核水域施工作业行为，利用电子监控、海上巡航等手段，加大对施工水域的现场监督监管； （4）加强对施工水域的动态监控，加强信息服务，降低施工船与进出港船舶的影响。
		沿海旅游区	（1）严格落实旅游船管理办法，加强与有关部门的配合，开展联合执法，维护辖区良好旅游环境； （2）加强旅游水域的现场检查和安全宣传，规范船舶营运行为，营造旅游船良好营运秩序； （3）加强恶劣天气旅游船安全监管，严格执行船舶禁限航措施，禁止船舶冒险违章出海； （4）加大对超载、超速及游客不穿救生衣等行为的查处和打击力度，消除船舶安全隐患； （5）开展旅游安全宣传，在重点旅游景点设立游客安全标志，引导游客安全乘船出海。
		危险品作业区	（1）加强对业主的监督指导，督促港口部门严格落实国家有关危险品作业的法律、法规、规章及操作规程和行业标准，做到人员适岗、设施或设备符合要求、制度完备； （2）加强危险品审批源头管理，严把油类、危险品货物适运、船舶适装、码头适靠关，降低船舶进港安全风险； （3）严把新增危险品货种进出港安全审核把关，制定针对性监管措施，并加强对船舶动态监控和交通服务，保证船舶安全进港； （4）加强对重点码头泊位的现场监督检查，及时发现纠正安全隐患，并督促企业严格现场作业流程，做好应急应对准备； （5）加大对作业船舶及运输管线的现场检查，保证船舶规范作业，严格操作规程。

续上表

项目	内　容		关 键 环 节
重点区域（部位）（五区一线）	五区	商渔船密集交汇区	（1）加大海上巡航和现场排查力度，掌握碍航养殖分布的最新动态； （2）加强海事与渔业联动，深入落实“一防二控三联动”机制，降低商渔船碰撞风险； （3）加强船舶动态监控及信息服务，提醒进出港船舶谨慎驾驶，提前采取航行安全措施； （4）向地方政府汇报渔业碍航情况，督促港口及相关单位做好港口水域碍航渔业整治工作； （5）加强与连云港海事局工作对接，互通通航安全信息，视情开展联合巡航执法，共同做好碍航养殖清理工作； （6）深化商渔船安全警示教育活动，通过现场执法、手续办理、海上巡航等多种渠道，发放商渔船安全宣传材料，提高船员安全意识。
	一线	中韩班轮航线	（1）及时预警预防，严格执行禁（限）航标准，避免船舶冒险开航行为； （2）加大对班轮航线及附近水域的巡航监督，及时掌握通航安全隐患，做好船舶安全服务； （3）加强船舶港区跟踪监控和进出港交通组织，尽可能避免其他船舶在航道内与客箱班轮交叉或会遇，降低船舶碰撞风险； （4）严格落实客船与搜救中心合作计划，视时组织开展应急演练，做好应急处置准备工作； （5）加强对引航员安全管理，严格落实对客箱班轮上下引水行为，规范船舶进出港行为。

5年来，日照海事局牢牢把握“四重一关键”安全监管规律，共监管船舶进出港91.8万艘次，保障36.2万中韩航线旅客和1130万人次游客安全出行，助推港口完成货物吞吐量逾18.2亿吨，服务辖区25个港口涉水工程施工建设，保障石臼西四期码头、岚山港30万吨级矿石码头等21个泊位顺利投产，服务30万吨级原油码头二期工程、海州湾退港还海修复整治工程等多个重点工程安全施工及港口正常生产，助推港口实现生产与建设双赢。

5. 威海海事局“四重一关键”主要做法

威海海事局一是将其纳入体系管理，并积极开展宣传引导，确保广大干部职工熟知，并推而广之应用到所有相关工作中去；二是将其与海事管理现代化示范区创建相结合，应用信息化手段，将“四重一关键”纳入全局动态指挥信息系统并据此生成执法任务，确保将“四重一关键”落实在每一项具体的执法任务中；三是将其与网格化管理紧密结合，化整为零，实现“四重一关键”在辖区每个细小网格的细化落实，确保将其落实在最基层。通过有效应用“四重一关键”，全局大大提升了海事科学监管水平。主要做法如下：

重点监管对象：“四船一厂”

“四船”：

（1）涉客船舶；

（2）危险品船舶；

（3）锚泊船舶；

（4）对海上安全构成重大危害且易闯“大祸”的船舶。

“一厂”：辖区修造船厂。

重点时段：“四季五期”

“四季”：

（1）冬春大风季节；

（2）雾季；

（3）旅游旺季；

（4）鱼汛季节。

“五期”：

（1）春运（含春节）期间；

（2）重要会议期间（两会、中央全会等）；

（3）元旦、清明、端午、五一、十一、中秋等国家法定节日期间；

（4）重大水上活动期间（重大海上军事活动、重大体育赛事及群众性水上活动等）；

（5）高温期间。

重点气象海况：“雾风雪潮”

“雾”：大雾，是指海上能见距离不足1000米；

“风（台风）”：大风（台风），是指海上出现7级及以上大风（海上浪高达 3 米以上），包含短时、突发大风状况；

“雪”：大雪，是指降雪强度较大的雪，造成水平能见距离不足 1000 米；

“潮”：风暴潮，是指因灾害性天气而导致海水异常升降，包括超过当地警戒潮位 30 厘米以上大高潮潮位。

重点区域：“一地两域三现场”。

“一地”：大风期间避风锚地。包括威海湾、石岛湾、龙眼湾、荣成湾、俚岛湾等大风期间船舶避风锚地。

“两域”：

（1）成山头及附近水域；

（2）石岛以东及东南通航密集区水域。

“三现场”：

（1）涉客船舶监管现场；

（2）危险品作业现场；

（3）船舶港内安全作业现场。

关键环节

各关键环节具体要求见表 8。

表 8

项目	内容		关键环节
重点监管对象	四船	涉客船舶	（1）落实“五制五关”要求，对客运船舶实施辖区全程动态监控； （2）加强旅游旺季、春运等重点时段客船现场监管； （3）掌握辖区气象海况，做好预警预防，按照规定采取禁限航等交通管制措施； （4）定期开展客船安全检查，重点检查航行设备、消防救生及应急设备配备、船员实操、稳性检查等； （5）落实山东海事局客运船舶单船综合评估有关工作要求，组织开展客运船舶单船综合评价，实施分类分级和差异化管理； （6）加强对所属航运公司的审核及日常监管力度，要求公司有效落实《关于进一步加强安全管理确保海上客运安全的意见》，督促其认真落实安全生产主体责任； （7）加大对客运航线水域的巡航执法、巡查巡视和通航环境整治力度； （8）加强船员适任培训和特殊培训的监督管理；

续上表

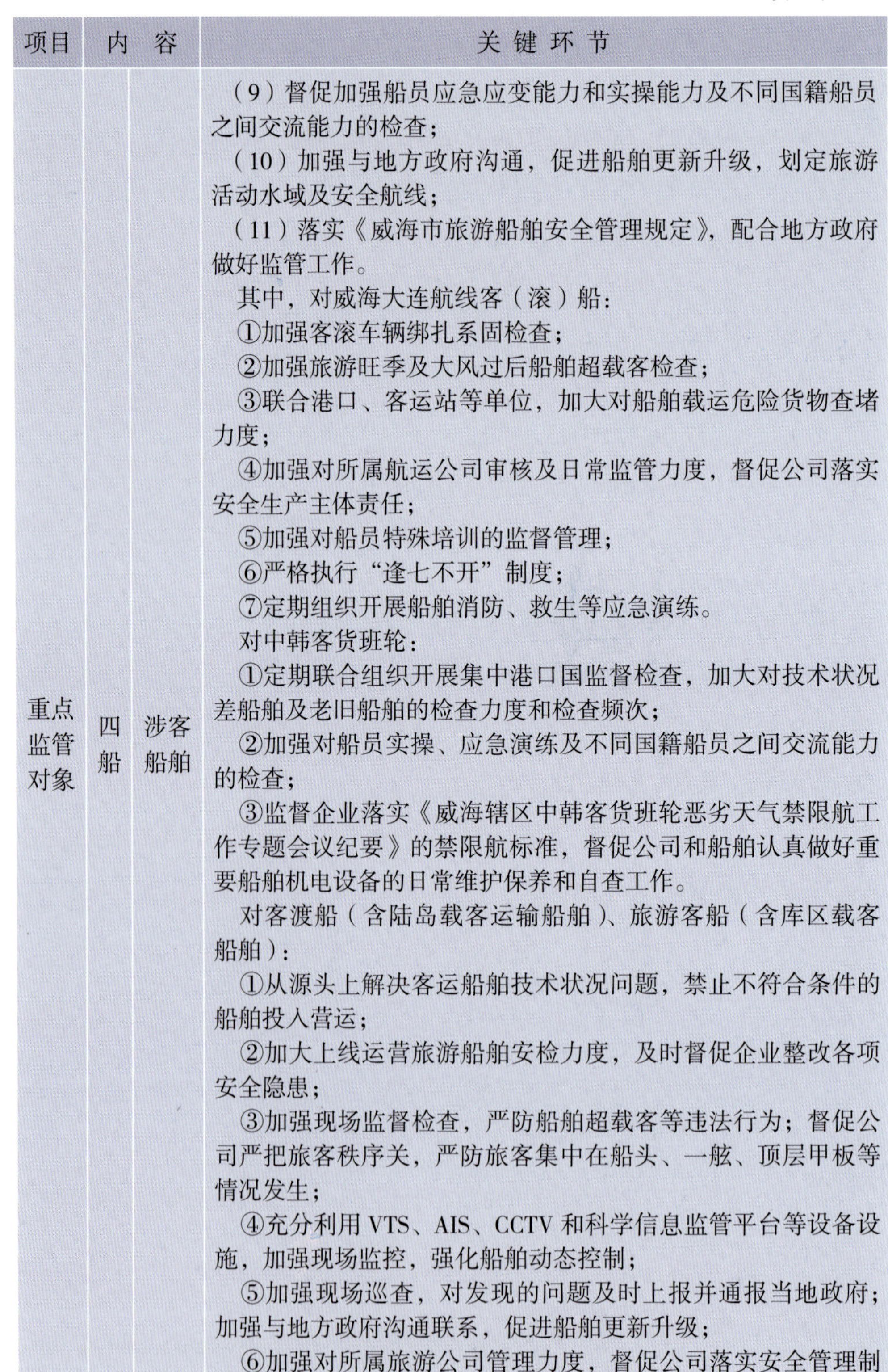

项目	内　容		关键环节
重点监管对象	四船	涉客船舶	（9）督促加强船员应急应变能力和实操能力及不同国籍船员之间交流能力的检查； （10）加强与地方政府沟通，促进船舶更新升级，划定旅游活动水域及安全航线； （11）落实《威海市旅游船舶安全管理规定》，配合地方政府做好监管工作。 其中，对威海大连航线客（滚）船： ①加强客滚车辆绑扎系固检查； ②加强旅游旺季及大风过后船舶超载客检查； ③联合港口、客运站等单位，加大对船舶载运危险货物查堵力度； ④加强对所属航运公司审核及日常监管力度，督促公司落实安全生产主体责任； ⑤加强对船员特殊培训的监督管理； ⑥严格执行“逢七不开”制度； ⑦定期组织开展船舶消防、救生等应急演练。 对中韩客货班轮： ①定期联合组织开展集中港口国监督检查，加大对技术状况差船舶及老旧船舶的检查力度和检查频次； ②加强对船员实操、应急演练及不同国籍船员之间交流能力的检查； ③监督企业落实《威海辖区中韩客货班轮恶劣天气禁限航工作专题会议纪要》的禁限航标准，督促公司和船舶认真做好重要船舶机电设备的日常维护保养和自查工作。 对客渡船（含陆岛载客运输船舶）、旅游客船（含库区载客船舶）： ①从源头上解决客运船舶技术状况问题，禁止不符合条件的船舶投入营运； ②加大上线运营旅游船舶安检力度，及时督促企业整改各项安全隐患； ③加强现场监督检查，严防船舶超载客等违法行为；督促公司严把旅客秩序关，严防旅客集中在船头、一舷、顶层甲板等情况发生； ④充分利用 VTS、AIS、CCTV 和科学信息监管平台等设备设施，加强现场监控，强化船舶动态控制； ⑤加强现场巡查，对发现的问题及时上报并通报当地政府；加强与地方政府沟通联系，促进船舶更新升级； ⑥加强对所属旅游公司管理力度，督促公司落实安全管理制度和安全生产责任，提高安全防范意识。

续上表

项目	内容		关键环节
重点监管对象	四船	危险品船舶	（1）落实船载危险货物“六问六控”长效机制； （2）加强对危险货物申报员的管理，督促指导各海事处严把船舶载运危险货物申报审批关； （3）加强船舶进出港动态控制，及时为船舶提供信息服务，必要时采取禁限航措施； （4）严把监督检查关，重点检查船舶消防救生及应急设备配备； （5）严格落实《危险化学品安全管理条例》相关规定，加强船舶载运危险品申报、审批和现场检查关，强化对船舶积载的管理； （6）做好预警信息发布工作，遇有高温、大风、雷雨等恶劣天气时，及时通知船舶做好应急防范； （7）加强对港内加油作业管理，各项安全措施落实到位； （8）加强对船员特殊培训的监督管理，督促指导各海事处加强船员操作性检查； （9）加大对危险品船舶航线水域及作业水域的巡航、整治力度。
		锚泊船舶	（1）加强船舶动态控制，及时为船舶提供信息服务，对锚泊的大型船舶、载运危险品船舶、载客船舶、限于吃水船舶、长期停航船、中小型货轮等重点船舶进行重点监控； （2）按时接收气象信息，及时发布气象预警信息，督促锚泊船舶提前做好恶劣天气的防范准备； （3）定期抽查锚泊值班情况； （4）加大对锚地水域的巡查和锚泊船舶的检查力度； （5）全面掌握辖区内长期锚泊船舶情况，督促船舶及所属公司做好船舶安全防范准备； （6）加强锚泊船舶起锚疏导交通组织工作。
		对海上安全构成重大危害且易闯“大祸”的船舶	（1）督促装卸港口企业把好关口，落实货物申报备案有关要求，加强从业人员培训，提高从业人员专业技术水平和适岗能力； （2）严格载运钢材及易流态货船舶的适装检查，督促船舶严格落实货物装卸规程，保证船舶适装适运； （3）密切关注天气海况动态，及时发布海上风险预警信息，提醒港口船舶避免冒险出航； （4）加强船舶适航、货物适装及船员适任检查，尤其是船员的实操和值班情况的检查，降低人为事故风险； （5）加强中小型船舶动态控制，严格执行港口禁限航规定；对航经成山头、石岛东南水域进入渤海湾的中小型货船，提醒船舶在成山头以南选择合适的安全水域抛锚避风。

续上表

<table>
<tr><th>项目</th><th colspan="2">内 容</th><th>关键环节</th></tr>
<tr><td>重点监管对象</td><td>一厂</td><td>辖区修造船厂</td><td>(1)加强修造船作业单位资质备案管理，严格审查备案相关材料；
(2)严格审查修造船厂航行警告发布申请材料，及时发布航行警告；
(3)通过VTS、CCTV、科学监管平台等多手段加强对试航船舶动态监控，及时为船舶提供信息服务；
(4)加强对试航船舶人员配备检查和船舶现场监督检查；
(5)加强对修造船厂水域防污染检查，定期巡视船厂修造船舶水域；
(6)加强船舶建造重要日期记录管理，督促指导各海事处进行建造船舶检验质量监督检查和船舶吨位丈量复核。</td></tr>
<tr><td rowspan="3">重点时段</td><td rowspan="3">四季</td><td>冬春大风季节</td><td>(1)印发文件，及时部署本年度冬春寒潮大风季节海上交通安全防范工作；
(2)及时掌握辖区气象海况，认真开展预警预防预控工作；
(3)组织做好辖区“四防一禁”有关工作；
(4)组织开展“11·24安全警示日”活动，督促港航企业严格落实主体责任；
(5)强化大风恶劣天气下锚泊船舶、中小型船舶等重点船舶的动态管控和信息服务工作；
(6)认真落实24小时应急值班和领导待班制度，做好险情事故应急处置和上报工作。</td></tr>
<tr><td>雾季</td><td>(1)掌握辖区实时雾情，及时发布预警信息，严格落实禁限航管理规定；
(2)加强对到港船舶雾季航行安全要求的检查和宣传；
(3)联合海洋渔业部门等单位共同开展雾季商渔船防碰撞安全警示教育工作；
(4)充分利用VTS、VHF等手段加强港口水域、“定线制”水域船舶交通组织和信息服务；
(5)以船舶、船员遵守雾航管理规定、VHF值守、安全航行信息接收、海图改正、航海图资料配备、安全通信设施的使用为主要内容，组织开展船舶雾季安全专项检查。</td></tr>
<tr><td>旅游旺季</td><td>(1)联合地方政府有关部门加大旅游码头、海水浴场现场巡查力度和频次，保障海上旅游船舶秩序；
(2)配（联）合相关部门严厉打击渔船、农用船、库区船舶非法载客等违法行为；
(3)密切关注天气海况，及时发布气象预警信息，督促船舶经营人严格落实禁限航管理规定；
(4)加强执法人员随船检查力度，督促公司严把旅客秩序关，严防旅客集中在船头、一舷、顶层甲板等情况发生；
(5)联合相关部门强化旅游季节海上安全知识宣传。</td></tr>
</table>

续上表

项目	内容		关键环节
重点时段	四季	鱼汛季节	（1）联合海洋与渔业部门持续开展商渔船安全警示教育活动，提升商渔船防碰撞能力； （2）深入渔港渔村渔船，发放各类安全宣传资料，提高渔民安全意识及救生技能； （3）开展安全知识宣传活动，组织发放《致渔民的公开信》《致船长的公开信》、海上避险手册等宣传材料； （4）利用地方组织的渔民培训教育契机，组织海事调查官对渔民进行安全知识培训； （5）加强与海洋与渔业部门的信息沟通，适时开展联合巡航等执法活动； （6）加强船舶动态控制，及时为船舶提供信息服务，预防商渔船碰撞事故的发生。
	五期	春运（含春节）期间	（1）及时下发通知，部署海上安全监管和应急值班工作； （2）严格做好节前客运船舶安全检查、动态监控等工作； （3）加强旅游码头、海水浴场等重点水域的现场检查； （4）加强节日期间船艇巡航、电子巡查和现场巡视力度和频次，加大船舶进出港报告制核查、加强船舶进出口口岸查验管理； （5）加强恶劣气象海况的预警预防工作，严格落实船舶禁限航规定； （6）加强应急值班，落实应急待命人员和应急待命船舶（车辆），做好应对突发事件的准备工作。
		重要会议期间	
		国家法定节日期间	
		重大水上活动期间	（1）成立赛事海事保障机构并制定赛事及活动海事保障方案，按照分工科学调配监管力量和应急保障资源，做好赛事船艇监管与服务工作； （2）加强对比赛及活动水域的动态监控和交通管制，及时为比赛船舶和保障船舶提供信息服务； （3）及时发布航行警告，检验并完善海事保障方案各个细节； （4）加大对比赛及活动水域的海上巡查力度，保障通航环境清爽； （5）加强海上应急准备，全力做好赛事及活动期间的水上应急处置工作。

续上表

项目	内容		关键环节
重点时段	五期	高温期间	（1）及时转发高温预警信息，提醒船舶注意采取防高温措施； （2）开展修造船厂、危险品码头专项检查，排查治理安全隐患，督促落实夏季高温预防措施； （3）加强船舶港内作业安全检查，落实各项安全措施； （4）认真做好高温期间防暑降温工作，加强对海事船艇、车辆及各类设备的内部安全检查； （5）加强应急值班，合理调配资源，及时处置海上各类突发事件。
重点气象海况	雾风雪潮	大雾 大风 大雪 风暴潮	（1）强化大风期间对锚泊船舶、过往成山头水域中小型船舶的动态管控，提醒中小型船舶选择合适锚地避风； （2）认真开展“四防一禁”专项活动； （3）及时发布海上大风、大雾、大雪、风暴潮等恶劣海况风险预警信息； （4）严格按照应急预案的规定开展应急工作，对相关单位、船舶防抗恶劣天气措施的落实情况进行跟踪、调度，督促港航企业、船舶落实安全生产主体责任； （5）及时做好大风来临前重点船舶的数据统计和摸排，加强长期停航船、无动力船、施工船舶的安全监管； （6）严格执行船舶禁（限）航管理规定，加强船舶进出港动态控制； （7）合理调配应急资源，及时处置海上各类突发险情事故； （8）严格落实恶劣天气下领导带班和应急待命制度，保持应急通信畅通； （9）充分利用 VTS、AIS、CCTV 等监控设施，强化对成山头水域等重点区域和重点对象的“三巡”力度，实现对三类区域的监管、监控和监视。
重点区域（部位）	一地	大风期间避风锚地	（1）全面掌握各锚地水深、养殖区等实际情况，及时做好大风期间锚泊船舶数据统计和摸排，做到“底数清，情况明”； （2）对大型船舶、载运危险品船舶、载客船舶、限于吃水船舶等重点船舶实施重点监控； （3）加强对 VTS 区域内锚地船舶的动态控制，及时发布锚泊安全信息，发现船舶走锚、天气突变等情况时向相关船舶进行通报，及时提供安全信息； （4）做好大风前后船舶进出锚地交通流疏导工作。

续上表

<table>
<tr><th>项目</th><th colspan="2">内　容</th><th>关 键 环 节</th></tr>
<tr><td rowspan="5">重点区域（部位）</td><td rowspan="2">两域</td><td>成山头及附近水域</td><td rowspan="2">（1）充分发挥 VTS、AIS、CCTV、科学监管平台等系统功能，加强对船舶的监管和信息服务；
（2）严格落实新版成山头“两制”规定相关要求，强化对违反“两制”规定行为的处理；
（3）加强对进出石岛港及附近水域锚泊船舶的动态监控和交通组织力度，维护进出港及锚泊秩序；
（4）积极联合海洋渔业部门在鱼汛季节开展宣传活动，重点加强对成山头水域和石岛外水域海上安全航行知识培训和警示教育；
（5）加强“四联”机制建设，深化与烟台、青岛、大连海事部门及市直相关部门的联合巡航和执法合作；
（6）通过 VHF 等手段，加强石岛以东及东南水域通航密集区水域的信息播发服务，提醒船舶注意航行安全。</td></tr>
<tr><td>石岛以东及东南通航密集区水域</td></tr>
<tr><td rowspan="3">三现场</td><td>涉客船舶监管现场</td><td>（1）加强对涉客船舶现场检查力度，严肃查处超载、非法载客等违法违章行为；
（2）加强对旅客集中区域的责任单位的走访调研，督促公司落实安全生产责任和安全管理制度，提高风险防范意识；
（3）督促企业加强对旅客海上安全知识宣传；
（4）强化客运船舶加强消防救生等应急演练，提升船舶突发事件应对能力。</td></tr>
<tr><td>危险品作业现场</td><td>（1）加大对船舶装卸危险品作业现场的检查，各项安全措施落实到位；
（2）做好预警信息发布，遇有高温、大风、雷雨等恶劣天气时，及时通知船舶停止装卸作业；
（3）严把船舶载运危险货物申报审批关；
（4）加强港内加油作业管理，各项安全措施落实到位；
（5）加强作业环境检查，确保满足安全作业距离、专人值守等要求；
（6）严格控制危险品作业船舶动用明火、拷铲等港内安全作业。</td></tr>
<tr><td>船舶港内安全作业现场</td><td>（1）加强现场监管力度，核实开展作业的具体情况是否与报备内容一致；
（2）核实作业单位或人员是否具有规定的作业资质；
（3）强化作业期间对防污染措施、安全措施的现场巡视，对不满足要求的责令其停止作业。</td></tr>
</table>

5年来，威海海事局认真落实“四重一关键”监管规律，在海事综合管理方面取得了显著成效。共服务保障56万艘次船舶安全过境、51.2万艘次船舶进出港、近4031万人次旅客海上安全出行和1.1亿吨货物运输畅通。实施PSC监督检查637艘次，滞留船舶49艘次；实施FSC监督检查1058艘次，滞留船舶82艘次；查处12起船检质量缺陷。按全口径统计，共发生各类事故49起、死亡失踪30人、直接经济损失近3616万元，同比上个5年分别降低39.5%、54.5%、65.4%，沉船6艘、同比减少18艘，事故四项指标实现“四降”，有力保障了海上安全形势持续稳定。

6. 潍坊海事局“四重一关键”主要做法

重点监管对象：

（1）危险品运输船舶

（2）载运易流态化货物船舶

（3）砂石运输船

（4）停航船舶

（5）旅游船

（6）滚装船舶

（7）施工船

重点时段：“五季五期”

五季：

（1）冬季（11月～次年3月）；

（2）雾季（11月～次年2月）；

（3）旅游旺季（4月～10月）主要集中在欢乐海区域；

（4）鱼汛季节（9月～次年6月）；

（5）季风季节（10月～次年2月）。

五期：

（1）春运（含春节）期间；

（2）“两会”及其他重大会议期间；

（3）国家法定节日期间；

（4）重大体育赛事及群众性水上活动期间；

（5）高温期间（36° 以上）。

重点气象海况：“三大两低”

三大：

（1）大风（海上出现 7 级及以上大风）；

（2）大浪（海上浪高达 3 米以上，包括超过当地警戒潮位 30 厘米以上大高潮）；

（3）大寒潮（冷空气侵入造成的降温，一天内达到 10℃以上，而且最低气温在 5℃以下）。

两低：

（1）低能见度（大雾、大雪、大雨等造成海上能见度不足 500 米）；

（2）低温（对船舶航行安全和港口生产产生严重影响的大冰冻）。

重点区域（部位）：“三港、二航、二地、一区”

三港：潍坊港、寿光港、羊口港；

二航：潍坊港航道、小清河航道；

二地：潍坊港锚地（3# 锚地和危险品锚地）、羊口作业区临时过驳锚地；

一区：欢乐海旅游风景区。

关键环节

各关键环节具体要求见表 9。

表 9

项目	内　容		关 键 环 节
重点监管对象	四类重点船舶两种特殊监管船舶	旅游船	（1）落实“五制五关”要求，加强重点时段现场监督管理； （2）掌握辖区气象海况，做好预警预防，按照规定采取限禁航等交通管制措施； （3）加强对所属航运公司日常监管力度，落实企业安全生产主体责任； （4）加强船员适任的监督管理； （5）督促加强船员实操能力； （6）督促船舶更新升级，划定旅游活动水域及安全航线。

续上表

项目	内容		关键环节
重点监管对象	四类重点船舶两种特殊监管船舶	滚装船舶	（1）加强现场监督检查； （2）加强对航运公司监督检查，落实企业安全生产主体责任； （3）严格落实船舶禁限航措施； （4）督促公司配备大型安全检查仪器。
		危险品船舶	（1）认真落实船载危险货物“六问六控”安全监管长效机制； （2）严把船舶载运危险货物申报审批关； （3）做好大风期间危险品船舶靠泊安全管理，不适靠泊位及时清空； （4）加强对船员的监督管理及船员操作性检查； （5）督促落实高温季节防范措施； （6）督促船舶做好泵舱自查，加大对泵舱检查力度。
		砂石船	（1）依靠政府开展“四联”整治； （2）加大巡查检查力度； （3）严格采取处罚措施，并做好内河船召回工作。
		易流态化固体散装货物运输船舶	（1）加强对船舶适航、船员适任的监督检查，水分含量现场检查、平舱情况检查、污水井检查； （2）强化对易流态化固体散装货物适运、船舶适装和船载易流态化固体散装货物报告情况监督检查； （3）加强公司检查，督促落实企业安全生产主体责任； （4）掌握辖区气象海况，做好预警预防，按照规定采取限禁航措施。
		施工船舶	（1）严格水上水下活动的许可，严把涉水工程的审批关，强化源头管理； （2）督促建设、施工单位落实安全生产主体责任； （3）督促加强对船舶适航、船员适任的现场监督检查； （4）加强从业船员操作技术和安全技能培训，提高从业船员的安全意识； （5）做好预防预警落实工作。
		长期停泊船舶	（1）做好停航船舶明细表更新； （2）加强现场检查，发放安全告知书，做好防火工作； （3）做好预防预警落实工作。

续上表

项目	内 容		关键环节
重点时段	五季五期	五季： 1. 冬季（11月~次年3月）	（1）每年11月1日前部署“四防一禁”专项行动； （2）组织开展11·24安全“警示日”活动，全局进入三级应急响应状态； （3）加强督查，确保各项措施落到实处； （4）做好预防预警落实工作。
		2. 雾季（11月~次年2月）	（1）掌握辖区实时雾情，及时发布预警信息； （2）组织开展雾航专项检查。
		3. 旅游旺季（4月~10月）	（1）加大现场巡查频次，联合当地政府及有关部门联合检查； （2）及时预警恶劣天气，组织实施交通管制； （3）加强对公司检查。
		4. 鱼汛季节（9月~次年6月）	（1）联合渔业部门开展培训和宣传教育，组织发放致渔民和船长的公开信、海上避险手册，提高船员安全意识及救生技能； （2）加强与渔业部门的信息沟通，适时开展联合执法活动； （3）及时对恶劣气象预警。
		5. 季风季节（10月~次年2月）	（1）做好预防预警落实工作； （2）加强值班，做好船舶动态监控； （3）提前做好船舶锚泊工作，根据情况不适靠码头； （4）加强大风期间靠泊船舶值班检查。
		五期： “春运”“两会”等重要时段； “春节”“五一”“十一”等国家法定节假日期间； 重大体育赛事及群众性水上活动期间	（1）提前部署，周密安排安全监管和应急值班工作； （2）突出重点，组织开展专项检查； （3）强化预警预防和应急值班。
		高温期间（36℃以上）	（1）及时转发高温预警信息； （2）组织开展高温期间船载重点危险货物专项检查。

续上表

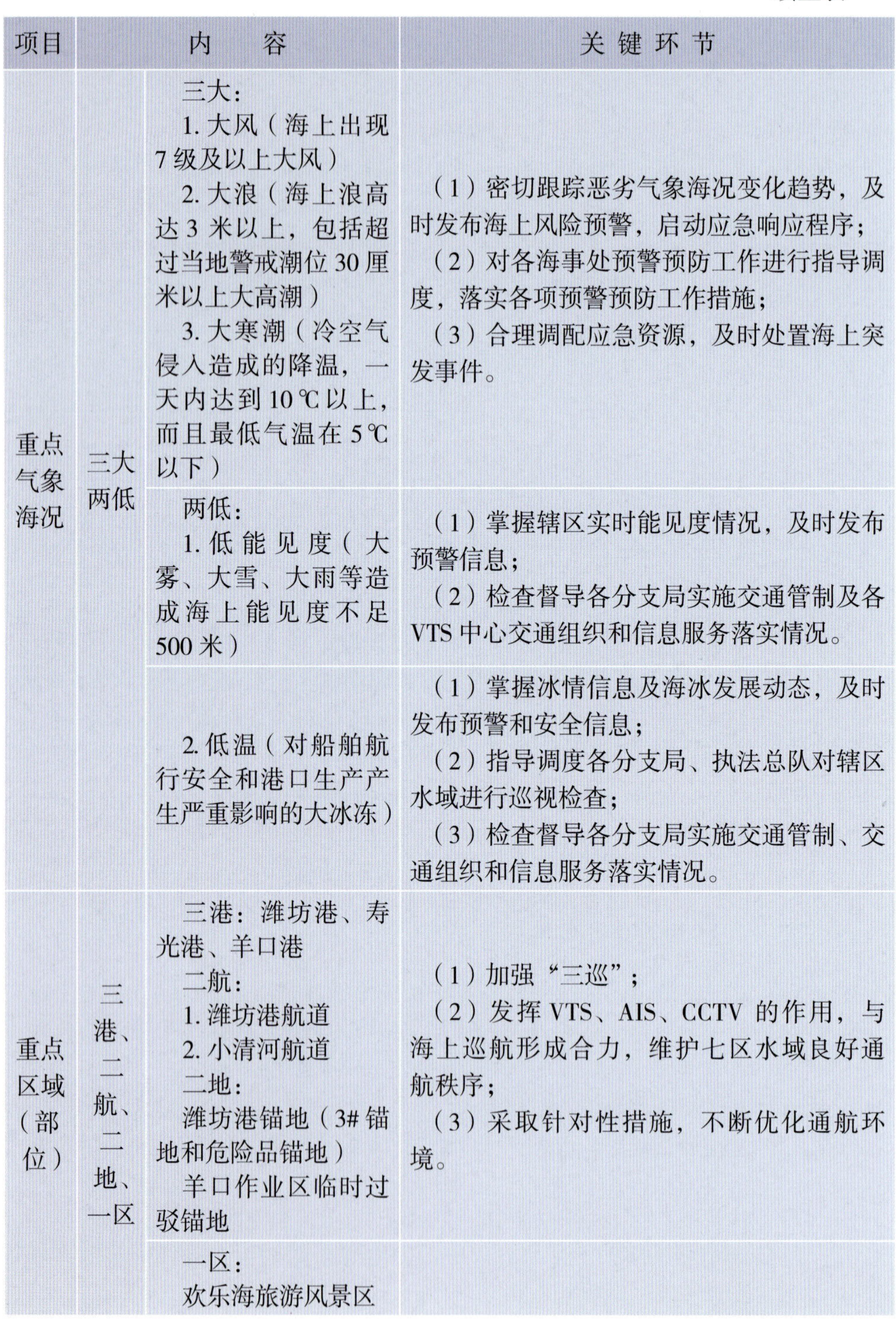

项目	内容		关键环节
重点气象海况	三大两低	三大： 1. 大风（海上出现7级及以上大风） 2. 大浪（海上浪高达3米以上，包括超过当地警戒潮位30厘米以上大高潮） 3. 大寒潮（冷空气侵入造成的降温，一天内达到10℃以上，而且最低气温在5℃以下）	（1）密切跟踪恶劣气象海况变化趋势，及时发布海上风险预警，启动应急响应程序； （2）对各海事处预警预防工作进行指导调度，落实各项预警预防工作措施； （3）合理调配应急资源，及时处置海上突发事件。
		两低： 1. 低能见度（大雾、大雪、大雨等造成海上能见度不足500米）	（1）掌握辖区实时能见度情况，及时发布预警信息； （2）检查督导各分支局实施交通管制及各VTS中心交通组织和信息服务落实情况。
		2. 低温（对船舶航行安全和港口生产产生严重影响的大冰冻）	（1）掌握冰情信息及海冰发展动态，及时发布预警和安全信息； （2）指导调度各分支局、执法总队对辖区水域进行巡视检查； （3）检查督导各分支局实施交通管制、交通组织和信息服务落实情况。
重点区域（部位）	三港、二航、二地、一区	三港：潍坊港、寿光港、羊口港 二航： 1. 潍坊港航道 2. 小清河航道 二地： 潍坊港锚地（3#锚地和危险品锚地） 羊口作业区临时过驳锚地	（1）加强“三巡”； （2）发挥VTS、AIS、CCTV的作用，与海上巡航形成合力，维护七区水域良好通航秩序； （3）采取针对性措施，不断优化通航环境。
		一区： 欢乐海旅游风景区	

5年来，潍坊海事局牢牢把握“四重一关键”安全监管规律，科学监管水平和效能得到明显提升。辖区货物进出港量1.8亿吨，同比增长108%；进出港船舶5.8万艘次，同比增长67%；危险货物运量1570万

吨，同比增长 79%。等级以上水上交通事故起数、沉船艘数、直接经济损失同比分别下降 12.5%、50% 和 20%，确保了辖区安全形势的持续稳定。

7. 东营海事局“四重一关键”主要做法

东营海事局始终将“四重一关键”作为把握辖区安全监管规律的主要抓手，“四重一关键”管理理念有效指导了实际监管工作，监管水平和成效明显提升。从近几年来险情事故数量以及海事实际监管效果来看，“四重一关键”较好的突出了海事重点监管职责，实现了对海事监管主要内容的全面覆盖，并且对东营海事监管工作重点、难点、高风险点进行了集中归纳和梳理，对关键环节和重点举措也进行了细化和明确，为维护辖区安全形势稳定发挥了基础性作用。主要做法如下：

重点监管对象：“三类船舶”

（1）客船（包括客滚船、普通客船、旅游船）；

（2）危险品船；

（3）砂石船。

重点时段：“两季四期”

“两季”：

（1）季风季节（10 月份 ~ 次年 3 月份）；

（2）旅游旺季。

“四期”：

（1）春运期间；

（2）重要会议期间；

（3）节日期间；

（4）高温期间（36℃以上）。

重点气象海况：“两大两低”

“两大”：

（1）预报北风、东北风、东风风力 7 级及以上；

（2）达到或超过警戒潮位的风暴潮。

“两低”：

（1）能见度低于 500 米；

（2）低温冰冻。

重点区域（部位）：“两港一区”

“两港”：

（1）东营港；

（2）广利港。

“一区”：黄河口水上旅游区。

关键环节

各关键环节具体要求见表10。

表10

项目	关键环节		
重点监管对象（三类重点船舶）	客船	1. 客滚船 2. 普通客船 3. 旅游船	（1）分析“五制五关”实施情况，组织完善落实“五制五关”长效机制；
			（2）严格落实客运安全“111”管理要求并做好工作记录；
			（3）加强相关公司的日常监督检查，对发现问题及时督促整改；
			（4）按要求开展客运船舶单船评估、评价，并根据评估结果实施分类分级管理；
			（5）按照上级局的统一部署，每年4~10月开展好客运船舶大检查活动；
			（6）加强船舶安全检查，客滚船舶每3个月安检一次，其他客船每4个月至少1次；
			（7）加强客运船舶船员配员及履职能力检查；
			（8）深化黄河口旅游船“五个一”工作制度，加强黄河口水上旅游区监管；
			（9）节假日、旅游旺季等，加派力量增加现场检查频次，严肃查处船舶超载、超航区、超速、配员不足、夹带危险品、车辆系固不良、车客混装等违法违规行为；
			（10）强化预警预防，严格执行限禁航等交通管制措施；
			（11）加大《山东沿海中小型客船设计与建造技术要求（试行）》宣贯力度，引导船舶更新升级。

续上表

<table>
<tr><th>项目</th><th colspan="2">关键环节</th></tr>
<tr><td rowspan="13">重点监管对象（三类重点船舶）</td><td rowspan="7">危险品船</td><td>（1）分析“六问六控”实施情况，组织完善落实“六问六控”长效机制；</td></tr>
<tr><td>（2）严把船舶载运危险货物申报审批关，严厉打击谎报瞒报等违法行为；</td></tr>
<tr><td>（3）强化现场监督检查力度，突出汽油船等危险品船泵舱、监测报警等关键设备的检查；</td></tr>
<tr><td>（4）对重点危险品船舶进出港实施动态监控；</td></tr>
<tr><td>（5）落实 FSC 选船机制要求，加强对危险品船舶安全检查，确保应检必检，应查必查；</td></tr>
<tr><td>（6）加强危险品船舶船员配员及履职能力检查；</td></tr>
<tr><td>（7）督促码头单位落实安全生产主体责任，提高安全管理标准，加强企业选船机制建设，对船舶技术状况差、船员素质低、公司管理水平低的船舶坚决不予安排靠泊作业，加强码头巡逻队培训，切实发挥应有作用，保障作业安全。</td></tr>
<tr><td rowspan="6">砂石船</td><td>（1）固化涉水施工项目监管有效举措，完善监管机制建设，落实运石船舶准入制、运石船舶备案制，保障各项措施落实到位；</td></tr>
<tr><td>（2）严把水上水下作业活动审批关，对手续不完备水工项目、船舶不予许可作业；</td></tr>
<tr><td>（3）督促建设单位落实安全管理主体责任，加强现场执法检查，发现雇佣非法船舶参与施工作业的责令停止作业并限期整改；</td></tr>
<tr><td>（4）依托政府建立联动机制，加强巡查执法和动态监控，积极参加东营市内港池综合整治活动，加大砂石运输船整治力度，及时处置违法违规行为；</td></tr>
<tr><td>（5）加强与地方交通主管部门沟通，及时通报发现的为砂石船装卸的码头、装卸点、宕口、浮吊情况；</td></tr>
<tr><td>（6）严格落实《交通运输部关于开展内河船舶非法从事海上运输专项整治的通知》要求，及时将相关船舶处置情况录入内河船舶参与海上运输专项整治联动平台。</td></tr>
</table>

续上表

项目	关键环节		
重点时段（两季四期）	两季	1. 季风季节（10月份~次年3月份）	（1）与气象部门保持密切联系，及时发布大风预警信息，落实具体防抗措施；
			（2）根据天气变化，加强船舶动态监控，督促码头调度部门合理制定船舶进出港计划；
			（3）每年11月前落实冬季“四防一禁”要求，并开展专项检查；
			（4）加强大风来临前的巡航巡查，核查现场防范措施落实情况；
			（5）严格执行恶劣天气下领导带班和应急待命制度，保持应急通信畅通。
		2. 旅游旺季	（1）提前召开旅游船监管会议，落实主体责任；
			（2）加强客滚船、旅游船现场监管，严格查处船舶超载、超航区、超速、配员不足、车辆系固不良、夹带危险品等违法行为；
			（3）加派力量增加巡查频次，维护客滚船、旅游船正常的营运秩序；
			（4）加强非日常监管区域巡查，及时查处非客船载客、旅游船无合法手续等行为；
			（5）强化旅游旺季前客滚船、旅游船安全检查，严禁带病营运；
			（6）强化预警预防，严格执行限禁航等交通管制措施。
	四期	1. 春运期间 2. 重要会议期间 3. 节日期间	（1）提前部署，周密安排安全监管和应急值班工作；
			（2）严格执行“零报告”制度，及时做好险情上报和应急处置工作；
			（3）加强现场监管，重点做好三类重点船舶的现场监管工作；
			（4）与气象部门保持密切联系，及时发布大风预警信息，落实具体防抗措施；
			（5）加强水上交通控制，保持良好的港区通航秩序；
			（6）加强宣传，营造良好氛围。
		4. 高温期间（36 ℃以上）	（1）及时转发高温预警信息；
			（2）组织开展高温期间船载重点危险货物专项检查。

续上表

项目	关键环节		
重点天气海况（两大两低）	两大	1. 预报北风、东北风、东风风力7级及以上 2. 达到或超过警戒潮位的风暴潮	（1）与气象部门保持密切联系，及时发布预警信息，启动应急响应程序；
			（2）加强大风来临前的巡航巡查，核查现场防范措施落实情况；
			（3）及时通知市搜救成员单位做好预警、值班、待命、检查和相关抢险工作；
			（4）严格执行限禁航等交通管制措施；
			（5）严格执行领导带班和应急待命制度，保持应急通信畅通。
	两低	1. 能见度低于500米	（1）关注气象预报信息，做好大雾预警预报工作；
			（2）加强雾情监测，及时汇总雾情发展信息，保证信息传递时效；
			（3）做好海上船舶交通疏导和船舶动态控制，必要时实施临时交通管制；
			（4）严格执行限禁航等交通管制措施；
			（5）雾天增加值班力量，做好人、车、船应急待命工作。
		2. 低温冰冻	（1）密切关注冰情变化情况，强化现场巡视检查，做好冰情预警信息发布工作；
			（2）强化应急处置能力，提前落实专业破冰船舶及大马力船舶。
重点区域（两港一线）	两港	1. 东营港 2. 广利港	（1）充分利用AIS、CCTV等加强该水域船舶动态管控；
			（2）及时提供气象等安全信息服务，严格落实禁限航标准，必要时实施交通管制措施；
			（3）加大巡航、巡查力度，维护良好的通航环境和通航秩序及时清理碍航网具；
			（4）加强现场监管，查究船舶违法违规行为；
			（5）加强港区水上水下作业活动监管，保障海上作业安全。
	一区	黄河口水上旅游区	（1）落实“五制五关”要求，实施区域动态监控；
			（2）加强旅游旺季现场监管，维护船舶航行、作业秩序，打击违法违规行为。

5年来，东营海事局通过落实“四重一关键”要求，实现了全力确保客运安全、积极防范大船碰撞事故、科学应对重大污染、有效处置海上险情、及时预防恶劣海况的总体目标。辖区累计船舶进出港14.2万艘次，安全运送旅客180.9万人次，货物吞吐量1.1亿吨，其中危险货物9697.2万吨，占88.2%。发布各类预警信息294次，成功处置险情30起、救助152人，确保了辖区安全形势的持续稳定。

8. 滨州海事局“四重一关键”主要做法

重点监管对象

（1）低闪点危险品船和油田外输船；

（2）低标准铝矾土运输船；

（3）砂石运输船；

（4）施工作业船。

重点时段：“一季五期”

一季：季风季节（每年11月～翌年3月）；

五期：

（1）春运期间（含春节）；

（2）重要会议期间（两会、中央全会等）；

（3）节日期间（元旦、清明、端午、五一、十一、中秋等国家法定节假日）；

（4）高温期（36℃以上）；

（5）冰凌期。

重点气象海况：“两大两低一突”

两大：

（1）大风（海上风力达到预警级别）；

（2）大潮（达到警戒潮位30厘米以上的风暴潮）。

两低：

（1）低能见度（大雾等造成能见度低于500米）；

（2）低温（对船舶航行和作业产生严重影响的冰冻）。

一突：突风。

重点区域（部位）：“二区一线”

二区：

（1）候泊减载区；

（2）海上施工作业区。

一线：套尔河航线。

关键环节

各关键环节具体要求见表 11。

表 11

项目	内容	关键环节
重点监管对象	1. 低闪点危险品船和油田外输船	（1）落实船载危险货物“六问六控”长效机制；
		（2）严把危险货物申报审批关，严查船舶谎报瞒报违法行为；
		（3）对低闪点危险品船舶进出港实行动态监控、加强现场监管和船舶安全检查；
		（4）定期对石油平台进行巡航检查；
		（5）与石油平台外输船主要目的港海事机构建立合作机制，共同加强船舶监管。
	2. 低标准铝矾土运输船	（1）加大现场监督和安全检查力度，倒逼铝矾土运力优化升级；
		（2）强化船舶进出港秩序管控，抽查船舶值班值守情况，督促落实避碰措施；
		（3）与主要装货港海事管理机构建立合作机制，共建平安航线；
		（4）认真落实黑名单船到港必查制度。
	3. 砂石运输船	（1）落实砂石船舶准入制，严打内河船从事海上砂石运输；
		（2）加大现场监督检查和水上巡航力度，加强对船舶适航、船员适任的现场监督检查；
		（3）依托地方政府开展专项整治活动，保持打击船舶非法从事砂石运输高压态势。
	4. 施工作业船	（1）严格水上水下活动的许可，严把涉水工程的审批关；
		（2）督促建设、施工单位落实安全生产主体责任；
		（3）加大施工船现场监督力度，督促落实安全管理和防污染要求。

续上表

项目	内　　容		关键环节
重点时段（一季五期）	一季	季风季节（每年11月~翌年3月）	（1）印发文件，及时部署冬春“四防一禁”工作；
			（2）组织11·24安全警示日活动，按上级要求启动三级响应；
			（3）及时发布预警信息，落实预警预防工作措施；
			（4）加强巡查监管力度，督促停航船舶落实安全措施，遵守相关海事管理规定。
	五期	1. 春运期间（含春节） 2. 重要会议期间（两会、中央全会） 3. 节日期间（国家法定节日）	（1）提前部署安全监管和应急值班工作，严格落实值班和应急待命要求；
			（2）及时发布预警信息，督促企业和船舶落实预警预防措施；
			（3）加大巡航、巡查频次，加强船舶进出港报告核查和现场监督检查。
		4. 冰凌期	（1）及时掌握海上及内河冰凌信息和发展态势，提前沟通更换冬季航标；
			（2）提前会商有关企业，采取错峰生产、港口破冰、拆除浮桥等措施合理防抗；
			（3）加强预警预防预报，及时采取禁（限）航措施。
		5. 高温期（36℃以上）	（1）及时发布高温预警信息；
			（2）加强载运易燃、易爆危险品船舶现场监管，必要时建议停止作业。
重点气象海况（两大两低一突）	两大	1. 大风（海上风力达到预警级别） 2. 大潮（达到警戒潮位30厘米以内高潮位的风暴潮）	（1）密切关注恶劣气象海况，及时发布海上风险预警；
			（2）建议船舶提前避风或暂缓来港；
			（3）采取“点名”抽查、现场检查等措施强化船舶避风措施落实；
			（4）严格执行禁（限）航标准，及时采取禁（限）航措施；
			（5）做好应急响应准备，合理调配应急资源，及时有效处置海上突发事件。

续上表

项目	内容		关键环节
重点气象海况（两大两低一突）	两低	1. 低能见度（大雾等能见度低于500米）	（1）掌握辖区实时能见度情况，及时发布预警信息；
			（2）对进出港船舶开展雾航检查和宣传；
			（3）加强交通组织，按规定实施交通管制措施。
		2. 低温（对船舶航行和作业产生严重影响的冰冻）	（1）掌握冰情信息及发展态势，及时发布预警和安全信息；
			（2）对责任水域进行巡视检查；
			（3）强化对浮桥安全监管，加大巡查频次。
	一突	突风	（1）组建突风防抗研究团队，分析总结突风防抗措施；
			（2）根据气象预报，及时发布突风预警信息；
			（3）督促船舶提前做好突风防抗准备，按照有备无患原则超前防范。
重点区域（二区一线）	二区	1. 候泊减载区	（1）加强候泊减载区域巡航执法，严查违章抛锚行为；
			（2）通过CCTV、AIS、VHF加强对候泊减载区域监控，维护良好秩序；
			（3）积极推动地方政府开展套尔河航道疏浚整治，提升通过能力。
		2. 海上施工作业区	（1）严把施工作业许可关，畅通海事内部信息流转；
			（2）做好施工作业船舶安全检查；
			（3）加大对涉水工程监管力度，督促企业落实主体责任，必要时约谈有关单位。
	一线	套尔河航线	（1）制定巡航计划，落实监管责任；
			（2）充分发挥VHF、AIS、CCTV的作用，做好安全信息服务工作，重点防范船舶碰撞；
			（3）强化巡航执法，维护良好通航秩序；
			（4）及时发布预警信息，落实禁（限）航规定，及时处置海上突发事件。

5年来，滨州海事局通过落实“四重一关键”监管规律，实现了对海事监管主要内容的全面覆盖，有效确保了辖区重点对象得到重点监管，关键环节得到有效落实，大大提升了滨州海事局科学监管水平，保持了

辖区安全形势稳定。实施国内船舶安全检查（FSC）178 艘次，查处缺陷 1738 项；开展港区巡查 8531 次，里程 19.1 万公里；发布预警信息 307 期，实施禁限航 342 期、累计 6492 小时。辖区货物进出港量 1.5 亿吨，船舶进出港 80866 艘次，有力助推了滨州经济的快速发展。

五、"四重一关键"之监管创新——"3377"网格化管理

在牢牢把握辖区"四重一关键"监管规律基础上，山东海事局坚持监管现代化理念，积极探索监管创新，着力提升"监管立体化、反应快速化、执法规范化、管理信息化"水平，全域统筹，充分考虑辖区水域性质、管辖权力、监管资源和管理的完整性等因素，整合资源，科学分类，在辖区实施"3377"网格化管理与服务。即：

（一）三类区域

已公布领海基线的黄海水域按照领海、毗连区及其他将山东海事局管辖水域分为一、二、三类区域；渤海水域及未公布领海基线的黄海水域按近、中、远划分，12 海里内为一类区域，12~24 海里之间水域为二类区域，24 海里外为三类区域。12 海里线原则上以 VTS 雷达站为参照点确定，24 海里线以 12 海里线为基准向外平推 12 海里。没有建设 VTS 的，以港口所在地为参照点确定。

一类区域为监管水域，是指根据我国法律、法规、规章及我国缔结的国际公约、条约及政府间协定等要求，海事管理机构根据授权履行船旗国、港口国及沿岸国权利与义务，实施全面监管。

二类区域为监控水域，是指根据我国法律、法规、规章及我国缔结的国际公约、条约及政府间协定等要求，海事管理机构根据授权，履行船旗国、沿岸国权利与义务，结合现有资源实施有效监控。

三类区域为监视水域，指根据我国法律、法规、规章及我国缔结的国际公约、条约及政府间协定等要求，海事管理机构根据授权，履行船旗国、沿岸国权利与义务，结合现有资源和远程手段等实施监视。

（二）三级网格

综合考虑船舶通航密集程度、险情、事故风险程度、环境敏感程度、监管资源、监管对象以及应急响应及时性等因素，将水域划分为一、二、

三级网格，一级监管网格为最重要，应涵盖一级监管重点；二级网格次之，应涵盖二级监管重点；三级为一般监管网格，为除一、二级水域之外的水域。

（三）七大责任水域

按照沿海七地市（青岛、烟台、日照、威海、东营、潍坊、滨州）将海事管辖水域划分七大责任水域。

（四）七大一级监管重点

一级监管重点包括重点水域和重点船舶，其中一级重点水域主要包括：港区重点水域、重要航（路）道、港外锚地、安全作业区、定线制水域、事故多发区等“六大区域”，以及一级监管船舶为辖区监管对象的重中之重“四客两危”船舶共七大一级监管重点。

（五）网格化管理

（1）充分利用 VTS、AIS、CCTV、VHF、LRIT 及卫星遥感等科技手段，合理使用海事执法车辆、船艇和飞机巡航，实现对三类区域的监管、监控和监视。在保持一定频度的常规巡航、巡查和巡视基础上，强化对重点区域和重点对象的“三巡”力度，做到及时发现，迅速行动，高效处置。

（2）日常管理中切实做好“三巡”工作，做到专人负责、“三巡”到位、记录规范、过程全控。“三巡”中发现涉及海事管理的违法违章及其他异常情况，根据有关法律、法规的规定，立即或指派就近的海事执法力量采取相应的处置措施，依据有关程序进行调查处理，并将调查处理结果反馈相关部门。

（3）将“四客两危”船舶作为重点监管对象进行监管，各分支局设置专台，由专人实施跟踪监控；各海事处设有专人负责实施跟踪监控。对危险品船舶逐步实施差异化监控，原则上 20 万吨级以上油轮进入三类区域后进行监视，散装液体化学品船及 20 万吨级以下油轮进入二类水域后进行监控，液化气船进入一类水域后进行监控。

（4）海上发生险情、事故等突发事件，立即启动相应的应急预案，按照职责分工，全力做好应急处置、宣传报道、调查处理和后续管理等工作。

六、"四重一关键"之机制创新——"平安海区"创建

在牢牢把握辖区"四重一关键"监管规律基础上，山东海事局大力倡导"平安是福"理念，坚持共建共治共享，积极探索机制创新，建立完善海上安全"四联"（联网、联防、联控、联动）工作机制，主动服务国家"一带一路"、交通强国、海洋强国部署，着力提升海上安全基层基础基本功，合力创建"平安海区"。

（一）坚持依靠地方党委政府抓安全

山东沿海开展"平安"建设由来已久，2005年开始，山东海事局就主动与辽宁海事局沟通协调，联合共建鲁辽"安全畅通文明"航线。2009年11月24日，山东海事局首次组织召开"山东海上安全警示日"会议，联合中国交通报社、山东航海学会倡议100多家与会港航企业开展"平安海区"创建。2012年，山东海事局推动开展了中韩、中日客货班轮平安高效航线、平安高效港口等创建。2013年，积极倡导300家涉海单位和企业，共同开展为期5年的"平安海区"创建活动，"平安海区"创建实现了从点到面的拓展。2014年，通过省政府印发实施《山东沿海"平安海区"创建活动实施方案》，省政府安委会负责"平安海区"创建活动的组织领导，创建活动办公室设在山东海事局，成员由交通、安监、渔业、海事、救助、旅游等部门组成，主要内容是建设"六个平安"（即平安高效港口、平安船舶、平安航线、平安水工、平安旅游和平安渡口）和倡导"一个理念"（平安是福），实现"平安海区"创建从点到面，从面到全域的深化。山东海事局积极调度沿海7市政府均成立了政府领导、相关部门参与的创建组织机构，省政府先后组织召开2次"平安海区"创建推进会。2018年11月，推动省政府安委会开展"平安海区"三年攻坚行动，推进"四个平安"（平安港口、平安船舶、平安渔业、平安旅游）创建，倡导"一个理念"（平安是福），实施十八项行动，着力解决海上安全生产领域存在的薄弱环节和突出问题，坚决遏制重特大事故，促进海洋经济健康发展和安全发展。同时，山东海事局积极推动地方政府海上安全工作的领导责任，通过省政府下发《关于进一步加强海上安全生产工作的通知》，对各级地方政府领导责任、市县负责同志检查海上安全的时间和频率、市县责任部门负责人登船检查的时限和频率等内容做出明确规定。积极发挥山东省海上搜救中心平台作用，每2年由分管副省长召集各地市、各部门召开一次全省海上搜救工作会议，与海上安全工作一同部署，“党委领导、政府监管、行业管理、企业负责、社会监督”的海上安全工作格局不断巩固。

（二）坚持“平安是福”理念

山东海事局注重提升海上从业人员安全生产意识，积极营造“关爱海上生命、关注海上安全”的社会氛围，让海上安全文化理念内化于心、外化于行。将每年的11月24日定为山东海上安全“警示日”，连续9年召集港航企业开展安全警示活动，共同追思“11·24”海难，落实安全生产责任。坚持“四级预警，三级响应”，结合辖区实际，强化恶劣天气预警预防，持续开展冬季“四防一禁”（防大风、防碰撞、防火灾、防冰冻，恶劣气象海况禁限航）专项行动。多年来，利用执法船艇、船舶交管中心开展“市民开放日”“海事开放日”，主动联合地方交通、教育部门开展“水上安全知识进校园”活动700余次，普及水上安全教育13万余人次。加强与安监、渔业等部门合作，持续开展商渔船防碰撞教育警示活动和联合巡航执法活动，每年向公众免费发放宣传警示海报、致船长公开信、中小型船防大风指南、社会公众避险知识手册约6万份，累计培训商渔船船员2.4万人次，“平安是福”理念深入人心。

（三）坚持深化“四联”工作机制

海上安全是一个复杂的系统工程，不能单打独斗，必须注重加强协作，形成安全监管合力。一是推动信息资源联网。借助环渤海湾海事合作平台，积极共享CCTV、VTS、AIS等数据，加强客滚船、中－韩、中－日客箱班轮和邮轮安全监管信息共享，及时通报班期、气象海况、安全监管等重要信息。加强航路、禁航区等重点区域划定的信息沟通与合作，优化通航环境。加强船载危险货物监管信息共享，共同打击危险货物谎报、瞒报违法行为。发挥省海上搜救中心和“平安海区”创建平台作用，引入渔业北斗及气象预警信息，为北海舰队、北海第一救助飞行队配备海上科学监管综合信息平台，联合国家海洋局北海分局开发海上漂移预测模型，推动了专业、军队、社会等应急资源设备信息联网。建立交通运输部驻鲁单位和大型港航企业的定期联系沟通机制，累计协调解决安全发展难题58个。二是实行风险隐患联防。针对冬季、雾季、旅游旺季、鱼汛季节等重点时段，科学开展预警预防，落实“四级预警三级响应”制度。山东海事局联合省气象局、安监局创新海上预警信息播发机制，拓宽VTS海上风险预警渠道，及时向涉海单位、船舶、人员发布海上安全信息。联合港航、港口与引航站共同开展“平安高效”港口建设，科学实施恶劣气象海况下港口限（禁）航措施。联合环渤海湾兄弟局，开展重点水域风险等级标准的研究，建立重点水域风险排查和评估制度，每半年协商研究一次渤海重点水域主要风险和安全建议，扎实开展“打非治违”“大快严”等专项行动，内河船非法参与海上运输等重大安全隐患通过省市安委会挂牌督办。三是建立动态监管联控。山东海事局统筹兼顾，将辖区海域划为七大责任水域，确立了重点港区、重要航路、重点监管船舶共七大一级监管重点。按近、中、远将管辖海域划分为一、二、三类水域，分别实施科学监管、有效监控和动态监视。统筹资源配置，综合考虑通航、险情事故风险及应急响应等因素划分一、二、三级近200个网格，对海上动态实施“3377”网格化管理。通过跨区域和跨部门合作，建立联合执法和信息反馈机制，加强“四类重点船舶”船员适任跟踪管理，联合打击船员违法违规行为。加强水上交通事故及污染事故调查合作，联合开展肇事船舶查处工作。四是实现执法应急联动。与省安监、交通、气象、海洋渔业、民政、通信及黄渤海区渔政局等建立应急联动合作机制，在部海事局领导下会同环渤海四个直属局签订《渤海湾海事监管合作协议》和《北方片区搜救合作协议》。在国内率先与北海救助局、北海第一救助飞行队建立山东沿海空中巡航救助联动机制。颁布实施《山东省海上搜寻救助办法》和《山东省海上溢油事件应急处置预案》，建立运行 1 个省级、7 个市级和 25 个县级海上搜救中心。

（四）坚持预警预防与应急并重

一是强化预警预防。坚持“防胜于救”理念和“四级预警、三级响应”工作要求，重点抓好海上安全公益宣传、社会教育、专业防控等各个环节工作。坚持海上防台早行动、早安排、早检查、早落实，连续牵头组织省安监局、省海洋与渔业厅、省交通运输厅、省气象局等有关单位对本省沿海重点单位开展防台督查。联合气象、安监、海洋部门在石岛建立气象预警信息发布平台。每年自 11 月 20 日开始至春运结束，山东三级海事机构都将进入三级应急响应，全力做好应急待命。成功防抗冬季寒潮大风、风暴潮及夏季台风“梅花”“米雷”“达维”“布拉万”等，共发布海上风险黄色以上预警信息 200 余次。二是强化搜救能力提升。坚持需求导向，救助部门进一步优化专业救助力量待命部署，在冬季、春运等特殊时段新增日照、东营、潍坊、龙口港附近水域应急待命点。在沿海 7 地市选划并公布了 14 个专业救助直升机临时起降点。高标准做好接警、响应、处置、评估等各个环节工作，强化应急值班和信息报送，及时、有效处置每一起险情。山东海事局承担省海上搜救工作职能以来，先后成功处置“世纪之光”和“海盛”轮碰撞 46 人遇险、朝鲜籍“JUNGSAN”轮进水自沉 23 人遇险、采油作业平台“胜利作业三号”滑桩 36 人遇险、“和航兴龙”轮被困 284 人遇险等多起重特大险情，共组织海上搜救行动 2207 次，成功救助 17147 人（平均每天救助 3 人）、船舶 1501 艘（平均每月救助船舶 7 艘），人命救助成功率 94.8%。

（五）日照市“平安海区”创建实践

日照市政府积极推进“平安海区”创建工作，于 2013 年 4 月 17 日印发《日照市“平安海区”创建活动实施方案》，启动为期五年的“平安海区”创建活动。全市50余家涉海单位、部门在市政府的统一部署下，围绕“平安港口、渔业、旅游、水工、船舶、航线、引航”七个专题，大力实施“依法治安”“科技兴安”，不断强化责任落实、强化基层基础、强化联动执法，着力构建“政府统一领导、部门依法监管、企业全面负责、群众参与监督、全社会广泛支持”的安全生产工作新格局。一是市委市政府高度重视海上安全工作，专门成立了由分管市领导挂帅的“平安海区”创建活动领导小组和海上交通、渔业、旅游、危险品4个专业安全生产委员会，日照市“平安海区”创建工作是沿海七地市中第一个由市政府牵头开展的海上安全管理专项活动；二是安全管理长效机制不断完善，口岸港航、海事、海警、公安边防、海洋渔业等部门在信息资源共享、人员交流培训、海上联合执法等方面的合作富有成效，齐抓共管格局初步形成；三是安全生产“两个责任”落实到位，主管部门落实安全监管主体责任，大力推进依法行政，把安全生产纳入法律化、制度化的轨道；企业自觉落实安全生产主体责任，加大安全投入，安全生产“双基”工作进一步夯实；四是充分发挥科技信息化和创新驱动作用，运用科技信息化手段，加强综合信息系统建设，完善海上安全立体监控网络，为海上安全生产工作提供有力科技支撑。主管部门积极探索创新执法模式，建立了海上联合执法工作机制，破解交界海域执法瓶颈；五是倡导“平安是福”海上安全理念，引导广大从业人员牢固树立安全发展理念，将安全生产理念入脑入心，转化为安全行为，升华为自觉行动，安全文化引领作用显著。

2000—2018年山东沿海事故趋势图

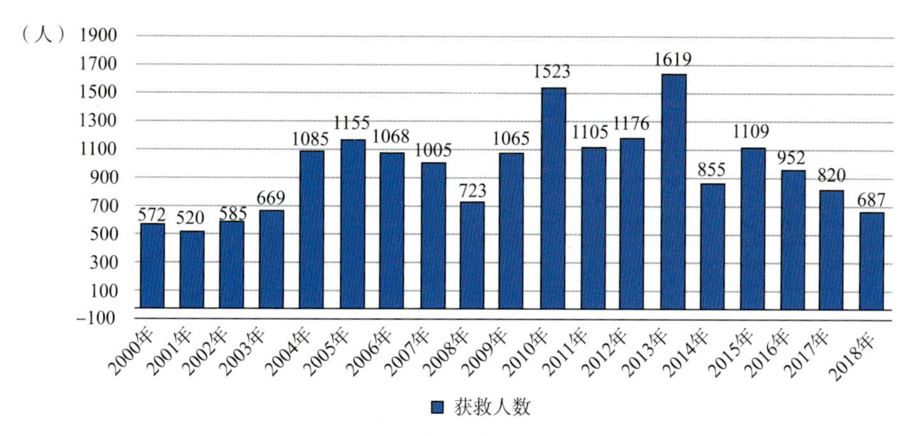

2000—2018 年成功救助人数趋势图

通过“平安海区”创建，有力地确保了日照海上安全形势持续稳定，2013—2018 年，日照市未发生重大及以上水上交通事故、渔业生产事故和船舶污染事故，VTS 覆盖区实现零事故。2016 年 4 月 27 日，山东沿海“平安海区”创建活动现场会在日照召开，日照市“平安海区”创建工作得到了与会领导的充分肯定。

为巩固“平安海区”创建活动成果，建立海上安全管理工作长效机制，积极推进国家海洋经济发展示范区争创工作，服务向海经济发展，2018 年 5 月起，日照市政府组织全市 20 家单位、部门联合开展以航道和锚地专项整治、海上养殖区专项整治、船舶专项整治、海上“扫黑除恶”等为重点的创建“平安海区”专项整治。全市各沿海区、各专项整治工作严格按照市委、市政府的部署要求，坚持问题导向，注重统分结合，强化联合行动，各项工作推进有序并取得显著成效：一是整治清理违规养殖 4000 公顷，港口通航环境进一步优化；二是加大海洋涉渔“三无”船舶整治力度，查获、处置涉渔“三无”船舶 25 艘；三是旅游船舶和快艇管理进一步规范，依法处罚各类违法违规行为 18 起；四是海上非法砂石运输行为得到有效遏制，查处涉嫌盗采海砂等违法行为 13 起，沿海非法砂石运输站点全部清理完毕；五是保持对海上涉黑恶势力持续高压打击态势，依法处理犯罪嫌疑人 20 人，4 人被追究刑事责任，海上治安环境持续向好。在前期创建活动基础上，为向海经济发展提供坚强法律和制度保障，日照市委常委会决定组织相关单位研究出台《日照市平安海区管理办法》，建立创建“平安海区”长效管理机制。日照海事局积极参与了《日照市平安海区管理办法》的制定，推进“平安海区”专项整治工作制度化、法治化，为日照市港航经济发展提供了安全稳定的海上交通环境。

七、“四重一关键”之模式创新——“海事治理现代化示范区”建设

在牢牢把握辖区“四重一关键”监管规律基础上，山东海事局以“互联网 +”“放管服”等理念为指导，积极探索模式创新，在威海海事局试点建设海事治理现代化示范区。威海海事局围绕海事管理的关键要素和流程，准确把握工作重点，有效落实关键环节，确立了以海事管理现代化指挥体系和政务服务现代化运行体系为两翼，以队伍职业化、装备信息化和思想组织化三个保障体系为基础的五个“子体系”建设任务，扎实开展了探索与实践。经过将近三年的努力，打造出海事监管“立体化”、政务服务“一体化”的威海海事管理新模式，海事管理水平实现转型升级。

（一）聚焦科学监管，打造海事管理现代化指挥体系

“集约智能、反应灵敏、运转协调、海陆一体”是现代化海事监管的鲜明特征。这些特征，不可能依靠对原有模式的修修补补来实现，必须着眼全局，系统搭建运行架构、管理机制、软硬件等相匹配的监管体系。为此，威海海事局大刀阔斧改革了原有执法架构，让组织适配现代化执法流程，建立起“两级中心”联动、陆海空信息协同、“执法单元”机动的立体化工作格局，实施了海事处动态执法新模式，配套建立了以网格化管理为基础、以风险管控和隐患排查治理体系为抓手、以动态指挥体系为支撑的现代化指挥体系。

运用区域综合治理新理念，威海海事局重新梳理网格管理要素，明确网格负责人责任，建立了局领导和机关负责人联系网格制度，聘请了社会网格协管员，增设了陆域网格，并辅以信息化手段，建立起区域有网格，网格有要素，要素有措施，措施有落实的安全管理链条。

推进海上风险分级管控与隐患排查治理“两体系”建设，威海海事局分区域有重点地对风险隐患进行分析，分类分级逐项制定防控措施、

实施滚动式管理，推动排查治理科学化、常态化。

依托新的执法工作格局，威海海事局将工作流与信息流充分融合，将组织、流程和资源深度整合，完善了执法清单，建设了基于 GIS 和移动互联网技术的动态指挥信息系统，实现了执法信息的科学分析和应用，执法力量、资源的科学调配与使用，执法过程、结果的全程跟踪和评估，有效提升了海事执法效率和质量，打造出立体化动态指挥体系。

新模式下，重点船舶无所遁形、陆海协同无缝衔接，在联合查处过往船舶违章行为、主动识别船舶动态类违章等方面的工作业绩实现了飞跃式发展。

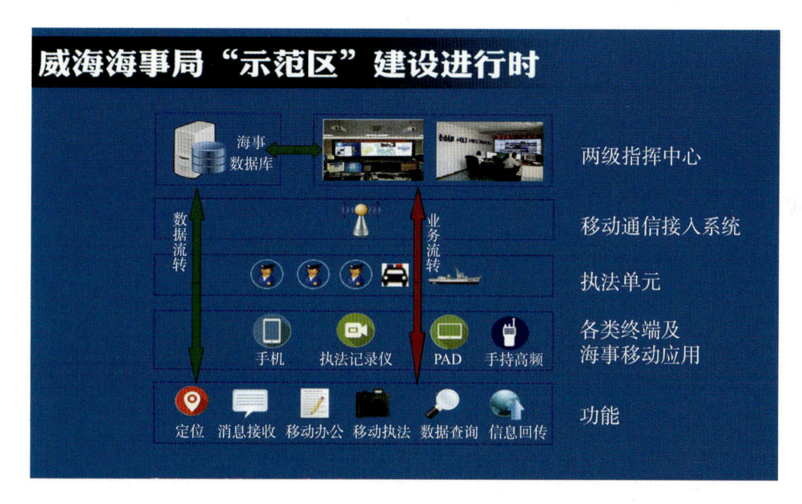

（二）围绕优质服务，建设政务服务现代化运行体系

提供优质服务，关键在于适应和满足行政相对人需求，建立“全面覆盖、保障有力、开放共享、人性智能”的海事服务保障体系。为此，威海海事局遵循“放管服”改革要求，立足“互联网 + 政务服务”，全面改革现有行政审批模式、调整审批权限，提升政务电子化比例，强化政务信息和数据资源共享和公开，积极打造政务服务现代化运行体系。

实施政务服务“一体化”建设，威海海事局推行“线上线下一体化”“业务审批一体化”“窗口服务一体化”，让行政相对人“少跑腿”甚至“零跑腿”，更加便民；让审批职能全面向政务中心集中、向网上集中，让审批权与执法权分离，有力促进“双随机”执法，更加高效；让每一政务窗口均可实现全业务办理，更加集约。通过“一体化”建设，目前，威海海事局 25 类 35 项行政审批事项已移交政务中心受理，占比

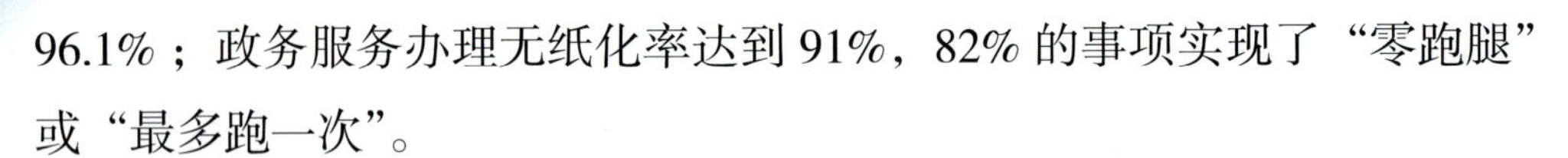

96.1%；政务服务办理无纸化率达到91%，82%的事项实现了“零跑腿”或“最多跑一次”。

丰富服务手段，威海海事局开展行政许可标准化探索，将微信公众号打造为“微政务”平台，开展“立等办结”“一窗式”服务试点，实现并联审批12项，4项业务可“立等”拿证，7项业务的办结时间压缩一半，全面提升政务服务的人性化和信息化水平。

新模式下，实现了相对人更加轻松办事，体验感更佳；让海事处能够轻装上阵，集中资源聚焦现场执法。

（三）把人作为第一要素，建设队伍职业化保障体系

海事管理现代化，离不开一支听从指挥、素质精良、作风过硬、服务人民的海事队伍，为此威海海事局突出以人为本、以能力为核心，积极打造了队伍职业化保障体系。

以“人教部门集中统管、职能部门具体建管、基层一线实际应用”为原则，打造出“1+5”队伍建设管理体系，出台队伍建设管理办法，健全了岗位交流等五项公务员日常管理制度，促使队伍管理更加规范。探索实施了VTS班组资源管理、探索开展执法人员能力等级标识管理，实行执法人员分类分级管理，层级分明、有序培养的人才管理模式基本建立。建立基础培训、进阶培训、激励培训三极并重培训模式，建设三支“特种兵”队伍，突出以能力为核心的培训导向，系统打造人才梯队，在山东海事局英语演讲比赛、船舶交通管理技能比武等竞赛中均取得优异成绩，队伍职业化水平显著提升。

（四）以新技术为引导支撑，建设装备信息化保障体系

新技术、新装备是“现代化”的重要载体，为此威海海事局突出智能、开放、共享理念，探索运用云计算、移动互联网、物联网、人工智能、大数据等新技术，积极打造装备信息化保障体系。

以动态指挥信息系统为核心，开发动态指挥信息系统移动客户端，为执法单元配备了智能化VHF集群通信设备和执法记录仪，打造“数字监督员”。加强大数据应用，完成VTS智能化系统更新，探索无人机辅助巡航、配备水下智能探测设备，大幅提升海陆空信息立体化监管水平。推进船艇联网工程，自行研发并不断升级船机管理系统，积极打造“数

字海巡船”，拓展了监管范围，均衡了陆海执法力量配布。建成500吨级溢油应急设备库，溢油应急处置能力全面升级。

（五）以党建工作为指路明灯，建设思想组织保障体系

海事治理工作要方向不偏、路线不移，必须以扎实科学的党建和思想政治工作为指引，为此威海海事局遵循全面从严治党要求，抓思想、抓党建、抓文化、抓群团，打造了思想组织保障体系。

坚持经常学、经常做、经常查、经常改、经常评，以“五个经常”推进“两学一做”学习教育常态化制度化。抓牢党支部建设，以“四个一”（出台一个指导意见，颁布一个工作手册，召开一次现场会，树立一个支部典型）立标准、树标杆，积极推进过硬党支部建设。开展荣誉感提升系列仪式，促进凝心聚力。实施“出彩青春”工程，提出青年工作“361”一揽子解决方案，实现青年工作系统化、组织化，构建全局青年成长共同体。全局干事创业的热情更加高涨，党员亮明身份冲在前，青年活力与创造力更加彰显。

通过抓好“五大子体系”的建设，威海海事局职能履行及管理运行等各个方面有了大幅提升和创新，初步实现了海事管理现代化，并在推进海事治理能力现代化方面迈出了重要一步。

第二篇 “五制五关”——牵牢海上客运“牛鼻子”

一、山东海上客运综述

山东沿海海岸线长，海洋经济发达，旅游资源丰富，沿海客运非常繁忙，服务经济民生作用突出。青岛、烟台、日照、威海等市是全国闻名的滨海旅游度假胜地，每年吸引几千万国内外游客海上旅游观光。青岛邮轮母港是全国六大邮轮母港之一，烟台至大连客滚航线是山东连接东北三省“黄金水道”，威海港是中国与韩国间商贸交流的发起港，20世纪90年代初就开启了中韩客货班轮航线的先河。

（一）山东沿海客运概况分析

目前，山东共有国际国内客运航线29条，其中，中国与韩国间的客货班轮航线9条（最长385海里，最短210海里），占全国的56%；山东省与辽宁省间的省际客滚航线6条（最长112海里，最短68海里）；省内陆岛客运航线14条；另有水上旅游集中区域31处，包括滨海旅游和内河及库区旅游，覆盖了青岛、烟台、威海、日照、潍坊、东营、滨州等沿海七地市。

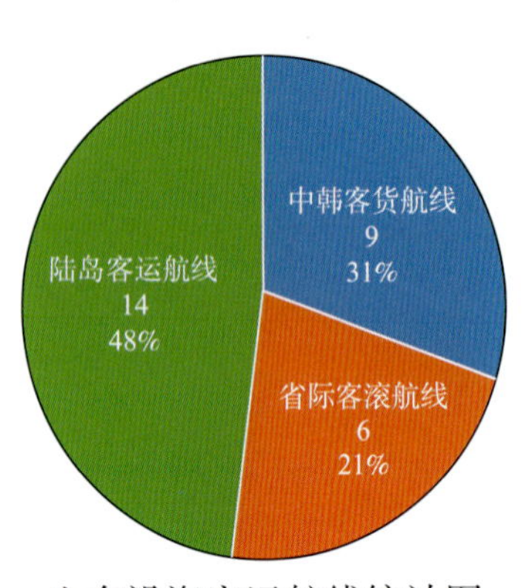

山东沿海客运航线统计图

山东共有从事客运经营船舶公司89家，其中，中韩客货班轮公司7家，平均管理船舶1.3艘，平均公司运力999客位；省际客滚船公司3家，平均管理船舶4.7艘，平均公司运力6719客位；陆岛客运公司15家，平均管理船舶6.1艘，平均公司运力1113客位；水上旅游公司64家，平均管理船舶12.4艘，平均公司运力326客位。省际客运公司较为集中，而水上旅游公司明显“小而散”。

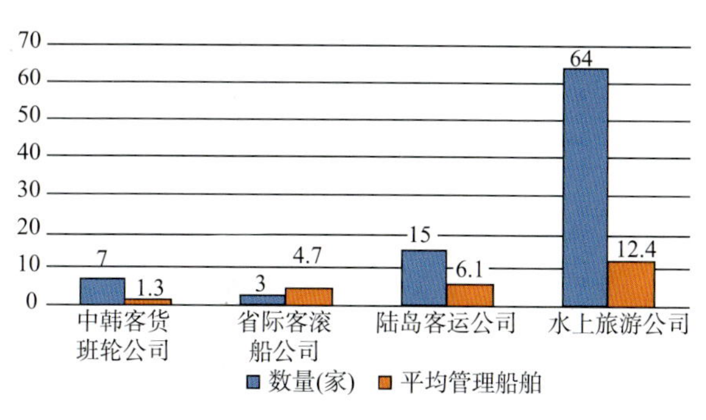

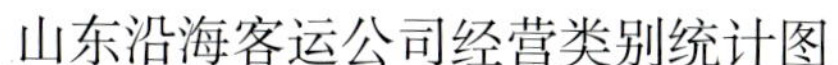

山东沿海客运公司经营类别统计图

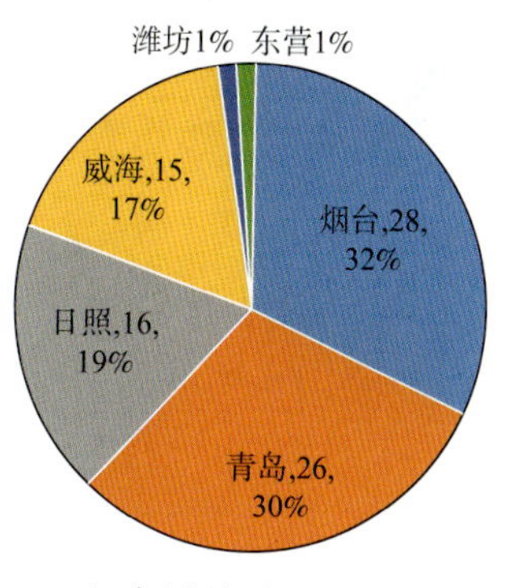

山东沿海客运公司所在地统计图

山东共有客运船舶 889 艘，其中，海船 818 艘，占 92%，总客位占 96%；内河船 71 艘，占 8%，总客位占 4%。客运船舶种类涵盖高速客船、滚装客船、普通客船、旅游客船和旅游艇，分别占总数的 3%、4%、14%、14%、65%，其中，载客 10 人以上的客运船舶近 600 艘，最大单船载客达 2160 人，烟台、青岛、日照地区客运船舶分别占总数的 34%、27%、22%。

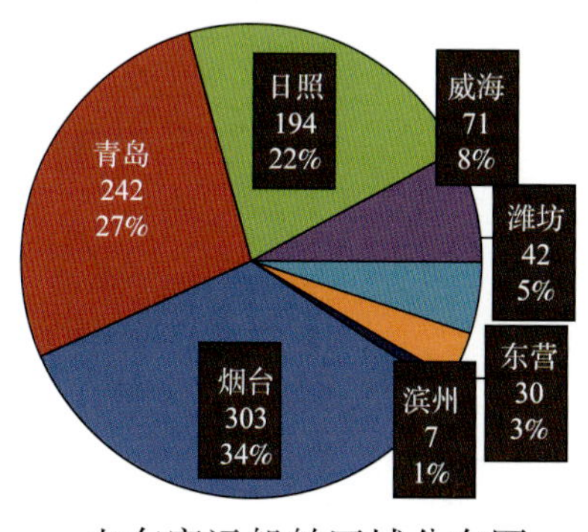

山东客运船舶区域分布图

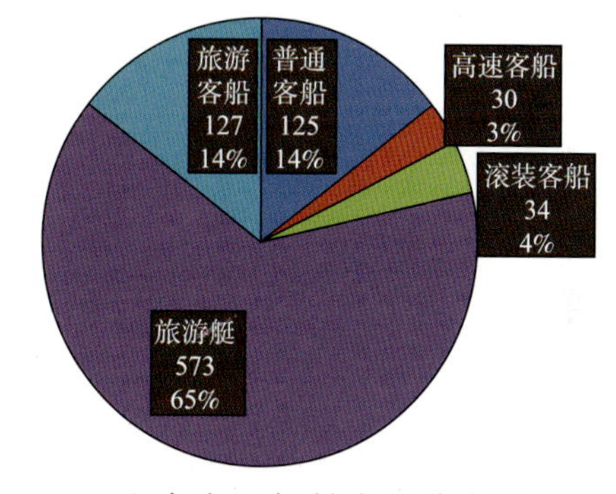

山东客运船舶类型分布图

2000 年以来，山东沿海累计安全运送旅客 5.2 亿人次。其中，“十二五”以前，11 年间累计安全运送旅客 2.9 亿人次，年均 2600 万人次；“十二五”以来，8 年间累计安全运送旅客 2.3 亿人次，年均 3000 万人次，居全国沿海客运量第三位，日均约 10 万人次（受青岛市桥隧开通影响，2011 年起山东沿海客运量出现一个明显拐点），其中国际航线客运量月均约 9 万人次，主要集中在烟台、威海、青岛地区，客运量分别占总量的 48%、32%、16%。每年 5 月到 10 月是海上旅游旺季，其他时间是淡季，7~8 月是高峰季，高峰季客运量占全年一半，近五年来随着山东沿海旅游升温，沿海客运总体呈稳步增长态势，2018 年 8 月 12 日海上客运量 39.2 万人次，创下单日最高纪录，“船多量大、季节性强”的特点突出。

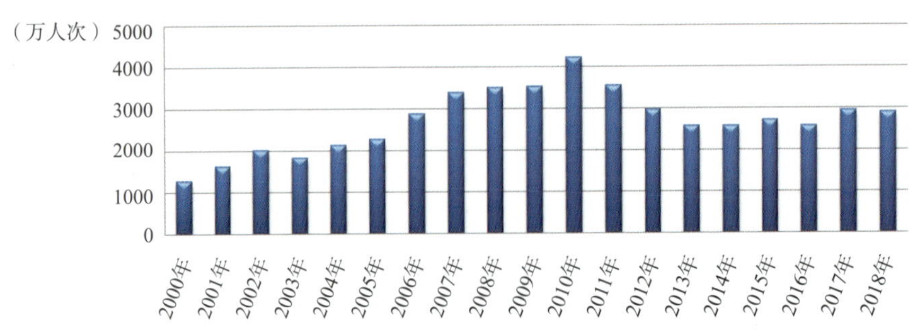

2000—2018 年山东沿海旅客运输趋势图

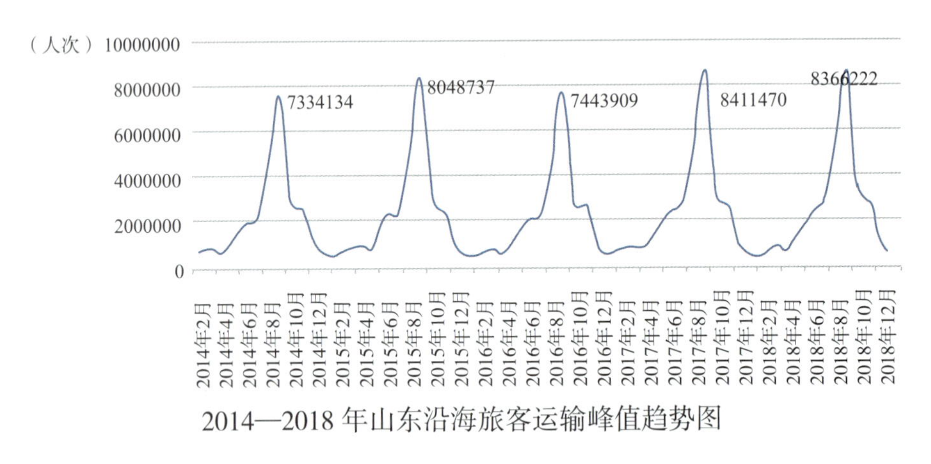

2014—2018 年山东沿海旅客运输峰值趋势图

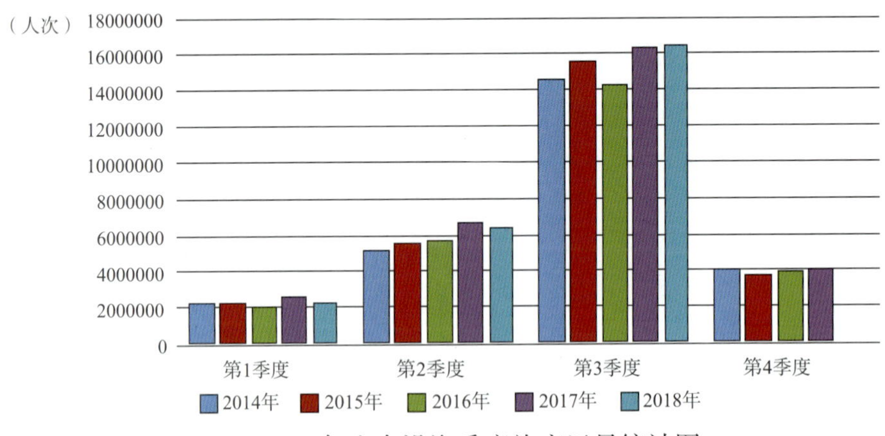

2014—2018 年山东沿海季度旅客运量统计图

随着国家“一带一路”建设的全面推进和山东新旧动能转换重大工程以及“海洋强省”建设重大战略的深入实施，山东将大力建设国际知名的“仙境海岸”滨海旅游目的地，届时山东海上客运尤其是滨海旅游业必将迎来一个快速发展、全面升级的黄金机遇期，旅游帆船、动感飞艇、水上飞机等一些新兴海上休闲旅游观光项目发展将更为迅速，特别是随着青岛中国邮轮旅游实验区以及烟台、威海、日照邮轮访问港的建设，邮轮经济也将会迎来一个高潮，山东沿海客运市场发展潜力巨大。

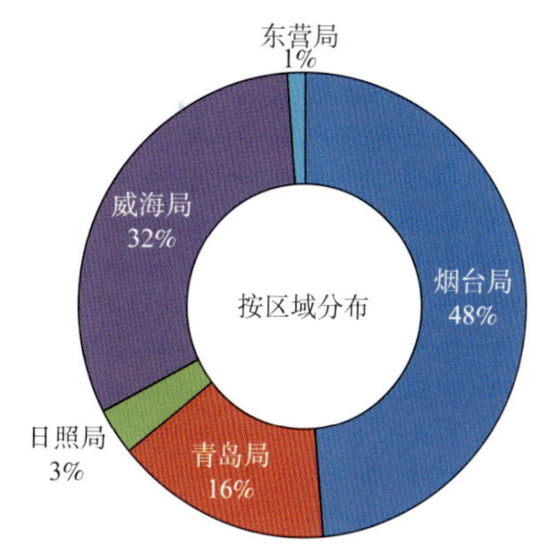

山东沿海客运量区域分布

（二）山东沿海客运安全风险分析

海上客运安全事关人民群众出行便捷和生命安全，是海上安全工作的重中之重，也是“海洋强省”建设的重要组成部分。目前，山东沿海客运安全基层基础工作还存在一定的薄弱环节，与人民群众日益增长的对海上安全便捷出行的需求还不完全适应，客运船舶安全风险高，安全监管责任重，维护海上客运安全的压力极大。

首先，作为承载海上运输、海洋旅游的工具，客运船舶具有载人多、风险大、社会关注度高、应急救援难度大等特点，一旦遇险，极易导致群死群伤重大事故，也因此被交通运输部列为“四类重点船舶”之首，山东沿海客运船舶数量居全国前列，但目前部分中韩客货班轮船舶老旧，最高船龄达29年，9艘船平均船龄9.9年，4艘为老龄船，船舶航经水域环境复杂，航行发生故障的风险成倍增加。其次，山东沿海从事滨海海上旅游的公司多，船舶总量大，但部分地区和部分企业规模小，经营管理分散、安全管理混乱等“小、散、乱”问题较为突出，安全主体责任落实不到位，载客帆船、动感飞艇、地效翼船、海上休闲垂钓船等海上新兴旅游项目点多面广，也给海上安全带来新的挑战。再者，省际客滚航线以及部分省内陆岛、岛岛客运航线与渤海湾多条东西向交通流相叉，船舶会遇局面较复杂，另外港口附近遍布渔场，捕鱼季节，渔船众多，占用航道、不遵守避碰规则、航路内拖网、不按规定值班及显示灯号等，船舶碰撞风险较高。最后，因狭管效应，渤海海峡及山东半岛东端风力较周围其他海区大，每年6级以上大风天平均在100天以上，成山角至青岛一带年平均雾日在130天以上，是我国沿海多雾区域，大风、

大雾、海浪等对客运船舶通航安全影响较大，特别是近年来极端恶劣气象海况突发频发且日趋增多，也给海上客运安全带来了严峻挑战。

因此，在客运船舶数量众多、客流量增长迅猛的背景下，实现海上安全形势长久平安、确保客运安全不出大事，可以说是“压力山大”。做好海上客运安全工作要始终坚持以人民为中心的发展思想，时时刻刻保持战战兢兢、如履薄冰的忧患意识，居安思危，主动作为，认真分析海上客运危险因素，积极采取有效措施，不断降低海上客运安全风险，全力维护海上客运安全形势稳定，为人民群众海上安全便捷出行创造良好的环境。

二、“五制五关”长效机制构建路径

客运船舶是山东沿海发生重大群死群伤事故的最大风险源，尤其是要重点关注客运船舶恶劣气象海况翻沉、碰撞和火灾三大风险，时刻警示海上客运安全要如履薄冰、如临深渊，不得有丝毫的懈怠，抓好抓牢客运安全，可以说就是牵住了海上安全工作的“牛鼻子”。

一般来讲，客运船舶发生事故险情都是船舶、客货、环境、管理和人为因素等几个因素单独作用或其中任意两个或几个相互作用的结果。“公司、船舶、船员、客货、环境”五者之间的关系，构成了影响海上客运安全的责任网链。各个要素之间关系错综复杂、潜移默化，彼此相互依存、互相作用、互相影响、互相制约，每一个环节都可能发展成为影响海上客运的危险因素，成为海上客运事故发生的诱因，因此每一个环节都必须要给予充分重视、认真处置。

通过对山东沿海客运形势及管理现状进行分析，对现行的海上客运安全相关的法律法规和技术规范进行梳理，利用综合安全评估的理念，从上述的影响海上客运安全“公司、船舶、船员、客货、环境”等五个环节着手，全面梳理和分析与海上客运安全相关的物流运输链和利益关系链，查找分析出了影响山东沿海客运安全的六大突出问题：

一是法规制度不全。旅游船艇、普通客船的禁限航、乘客管理和动态监控等制度不完善。滚装客船、非营业性游艇安全管理规章相对滞后。内河、库区水上旅游安全管理规定不全面、立法层次低等。

二是综合治理不够。海上客运多头管理，应急、交通、港航、旅游、公安、海事等部门没有形成联合监管的长效机制，信息沟通不畅。渔船非法载客、码头站点非法经营客运等现象依然存在，客运安全属地管理、源头管理责任落实不够。旅客安全意识较为薄弱，海上自救能力不强，对部分客运船舶无证营运、载客超员等违法行为不能自觉抵制、及时制止，私自夹带危险品上船的现象也屡禁不绝，存在极大的安全隐患。

三是公司管理不强。沿海客运企业数量多，规模小、专业化水平低，水上旅游客运“规模小、经营散、管理乱”的问题突出。中韩班轮公司安全管理主体责任不明确，限禁航标准不统一，存在冒险航行隐患。

四是船舶状况不佳。部分陆（岛）岛、水上旅游客运船舶船龄老、状况差。水上旅游客运船舶数量多、船型杂，大多为多层单体船、船身瘦长、船舶稳性低，观光甲板面积不足，旅游功能差，不适合游客观光。部分保养差，险情事故风险高。

五是船员管理不精。部分客运公司对船员“准入关、配员关、素质关、状态关”等制度落实不到位，存在船员工作时间长，强度大，轮休不科学等安全隐患。部分中韩客货班轮船员由多国籍船员组成，应急反应和日常交流不畅。旅游客船和陆岛运输船员日常培训不到位，专业素质难保障。

六是应急保障不足。山东省海上搜救立法层次不高，搜救机制运行不够顺畅，海上搜救机构运行经费得不到有效保障，社会救助力量建设不足，针对海上客运的搜救力量布置不科学。受资金制约，涉客大型演练演习不够，缺少应对涉及大量旅客船舶应急事件经验，大规模转移海上遇险旅客救助实战能力不足。

“十二五”以来，山东海事局始终坚持问题导向，牢牢把握影响海上客运安全的主要矛盾和关键环节，积极探索、主动作为，总结提炼出了做好客运船舶安全监管工作的四点成功经验：

一是抓住关键因素是做好客运船舶安全监管的基础。在客运船舶安全监管中，即要关注船舶、环境等“硬实力”的建设，更要关注船员管理、公司管理等“软实力”的提升。长期管理经验证明，“软实力”对于客运安全整个系统的影响更为关键，抓住了这一关键，船舶更新、船员履职、安全监督、限禁航要求等直接影响客运船舶安全的重要因素就能得到有效解决。

二是发挥好多部门合力是提升监管能力的有力举措。主管部门各自为政，监管效果事倍功半，推动各部门的"四联"机制不仅厘清了责任边界，也有效补充了管理的空白。海上客运监管相关部门信息互通、执法互认，在监管中相向而行，在职责的交叉点合作执法，在重叠区分工负责，在空白处相互补足，执法效率显著提升。

三是坚持主动作为是做好客运船舶监管工作的重要保障。对待监管工作中的新情况、新问题，要解决谁来管、管到哪儿的问题。安全监督工作必须要适应社会的高速发展，面对管理要求不明确又影响安全的情况，主动作为、创新管理尤其重要。超前分析形势，主动提出管理建议，积极引导行业健康发展，在安全隐患形成前解决问题为客运安全监管提供了有力保障。

四是推进科学监管是不断提升监管效能的助推动力。在客船安全监管工作中，探索引入量化管理方法对客船安全状况进行精确分类分级，大力加强客船安全监管信息化手段建设，有效弥补执法人员现场监管中的盲点，极大提升了现场监管效能，有力推动了客船安全监管工作向精准监管、智能监管的转型升级。

基于上述问题分析和实践经验，山东海事局借鉴系统论、风险理论等现代公共管理理念方法，通过对"公司、船舶、船员、客货、环境"五个系统单元点和"责任网链、综合管理、动态管理、差异管理、信息预警"五个过程流的矩阵模型进行全面深入分析，构建起客运船舶安全监管"五横五纵"五阶矩阵模型，在此基础上探索建立了客运船舶安全监管"五制五关"长效机制。

三、"五制五关"长效机制基本内涵

客运船舶安全监管五阶矩阵模型中，系统单元点由公司、船舶、船员、客货、环境组成，风险过程流由责任网链、综合管理、动态管理、差异管理、信息预警组成。

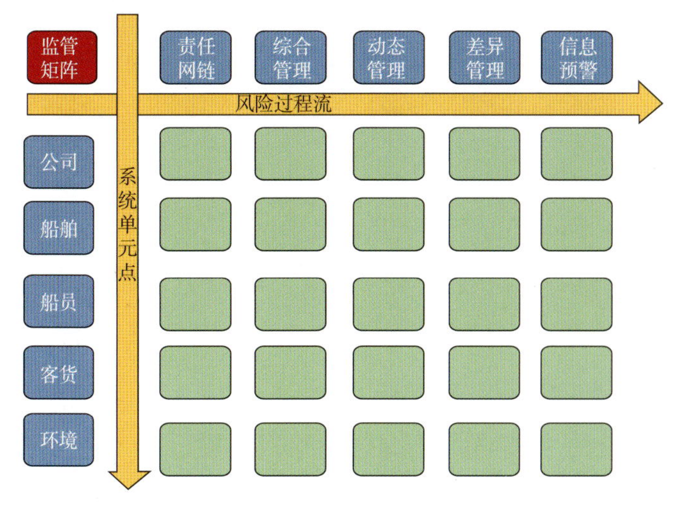

客运船舶安全监管五阶矩阵

基本内涵：

（一）建立安全管理责任网链机制，把好责任落实关

1. 持续推进地方法规建设

加强对《中华人民共和国安全生产法》等法律法规学习和研究，对地方法制建设尚不健全或存在监管盲区的，积极推动地方政府出台客运船舶安全管理方面的地方性规章或规范性文件。建立健全与地方政府各部门间“联网、联防、联动、联控”工作机制，努力形成对客运安全齐抓共管、综合治理的工作格局。

2. 突出企业安全生产主体责任落实

督促企业建立健全安全与防污染管理制度、教育培训制度、船舶安全与防污染监督检查制度，确保安全责任到位、安全投入到位、安全培训到位、安全管理到位、应急救援到位，引导企业借鉴“国际 / 国内安全管理规则”等先进管理标准，持续提升企业安全管理水平。

3. 健全内部监管责任网链

根据辖区实际，明确监管要求，构建内部监管责任网链，全面落实海事监管责任，加强日常考核和监督检查，强化责任追究，督促执法人员提高认识，严格履职。

4. 建立客运安全监管档案

建立客运船舶、船员数据库或相关档案，掌握航线通航环境、船舶

技术状况、船员能力水平等及其变化情况，每年一季度要评估更新一次。

（二）建立客运船舶综合管理机制，把好船舶适航关

5. 推动客运企业加快运力更新

加快中韩客货班轮实施运力更新计划；密切跟踪辖区涉客船舶更新动态，提前介入，协助企业做好客运船舶船型选择；引导企业参照《山东沿海中小型客船设计与建造技术要求（试行）》，做好中小型客运船舶更新和运力升级，提升船舶技术水平，夯实船舶安全基础。

6. 督促客运企业强化船舶管理

要求客运企业建立并落实定期登轮检查制度、开航前自查制度、船舶动态监控制度、风险管控及隐患排查治理制度。加大安全投入和岸基支持，指导船舶做好维护保养工作，保持船舶安全状况，提高船舶安全可靠性。

7. 强化客运船舶安全检查

开展“安全检查进企业”活动，联合船舶检验机构、行业主管部门等，开展春运、暑期客运等重点时段专项检查；打破区域限制，适时开展中韩两国、北方片区、跨分支局间的客运船舶联合检查活动，突出航行设备、船舶稳性、救生消防和船员应急反应能力的检查，严禁不符合安全标准的船舶上线营运。

8. 公布上线客运船舶名单

每年旅游旺季、春运前，会同当地港航、旅游、公安等部门，严厉打击非法载客行为，结合“平安船舶”创建活动和船舶综合检查情况，联合在码头醒目位置对外公布上线船舶名单，引导广大旅客乘坐。

（三）建立船员动态管理机制，把好船员适任关

9. 落实船员管理主体责任

指导公司开展船员培训与评估，建立健全船员聘用考试、船员值班纪律检查、安全警示教育和船员轮休等制度，把好船员准入关、配员关、素质关和状态关，促进船员本质安全意识提高。

10. 加大船员履职能力跟踪监管

运行船员管理质量控制系统，建立客船船员个人评价指标体系，强化船员履职能力检查，核实船员的履职情况、任解职状况和船员动态信息，提高船员动态管理的针对性。

11. 建立客运船员信息反馈制度

将各类执法活动中发现的船员评估和培训信息反馈船员管理部门，实现船员考试、发证、评估、培训等环节的船员管理与现场管理的紧密结合。

（四）建立差异化管理机制，把好现场监督关

12. 建立“七防两禁”清单制

督促企业针对船舶营运特点，组织船舶建立健全“防碰撞、防火灾、防超载、防危险品上船、防船员疲劳酒驾、防旅客秩序混乱、防主机故障、严禁恶劣气象海况冒险开航、严禁不合格船舶营运”制度，形成公司和单船关键性制度落实“清单”并严格落实，提升差异化和精细化管理水平。

13. 强化客运船舶现场监管

根据辖区实际，合理调配一线执法力量，采取“错时执法”“弹性工作制”等措施，全面履行海事法定职责，突出对公司、船舶“七防两禁”落实情况的检查，严厉打击船舶超载、配员不足、夹带危险品等违法行为，杜绝不合格船舶上线营运。

14. 敦促落实安全管理措施

建立船舶载客人数多重把关机制，做好旅客售票、安全疏导、危险品查堵等工作，从源头杜绝船舶超载、危险品上船；督促船舶、客运站做好旅客登离船秩序管控、开航前安全警示教育，增强旅客安全防范意识。

（五）建立安全信息预警机制，把好动态监控关

15. 建立信息预警制度

对恶劣气象海况、航线和航行区域通航环境变化、重大水上活动、军事演习、交通管制等影响客运船舶安全的各类信息，做到及时收集、发布和预警。

16. 提供安全信息服务

通过内外网、政务微博、微信客户端和手机短信等多种渠道，在旅游旺季、春运、法定节假日等重点时段，科学评估客运船舶交通情况，及时发布通航实况、助航及航行安全信息，主动服务辖区客运船舶、客

运企业和广大旅客。

17. 实施"2+1"船舶动态监控

落实动态监控"专人专台"相关要求，大力实施"2+1"模式，即分支局、海事处的专人专台动态监控和船公司的全程动态监控。在通航环境复杂、交通流交叉的水域航行的乘员（含乘客、船员，下同）100人及以上的客船要实行VTS中心与海事处"双监控"，并明确责任主体。同时，推动辖区客运企业加大投入，对乘员100人及以上的重点客船要配备专职监控人员，实施辖区全程动态监控。

18. 提高客运船舶动态监控智能化水平

加快"互联网＋船舶监督"建设，整合VTS、AIS、CCTV等信息化监管资源，开发应用"客运船舶信息服务与动态监控平台"。同时，结合辖区实际，进一步创新、丰富监控手段，不断提升客运船舶动态监控智能化水平。

四、"五制五关"长效机制实践应用及成效

（一）总体成效

"十二五"以来，山东海事局按照"五制五关"长效机制的总体要求，强化客运公司源头管理，筑牢安全监管责任网链防线，全面实施动态监控，严格加强客运船员管理，加大现场监督力度，完善船舶禁限航机制，推动地方政府逐步改善"小、散、乱"滨海旅游现状，有力保障了2.3亿人次旅客安全便捷出行，切实维护了山东沿海客运安全形势的持续稳定。

一是客运安全管理法制化水平不断提升。山东沿海各地市相继出台地方法规或规范性文件，青岛市出台《青岛市海上交通安全条例》，烟台市出台《蓬莱市旅游船经营管理暂行办法》《长岛县安全生产委员会关于进一步明确非渔船舶安全生产和治安管理责任的通知》；日照市出台《日照市沿海旅游船艇管理办法》，威海市出台《威海市旅游船舶安全管理办法》，潍坊市出台《潍坊市旅游船舶安全管理办法》，东营市出台《东营市旅游船舶安全管理办法》，滨州市出台《滨州市水上旅游船舶安全管理办法》，基本实现了客运船舶安全管理有

法可依、有章可循。

二是海事监管科学化水平不断提升。探索构建了以“五制五关”客运船舶安全监管长效机制为统领，以“客运船舶安全监管工作指南”和“客滚船单船安全综合评价指标体系”为主要内容的客运船舶安全监管体系。开发推广山东沿海客船动态监控系统，对包括渤海湾客滚船、中韩班轮在内的253艘乘员30人以上客船实施“2+1”重点监控，做到及时发现船舶异常行为并妥善处置。突出船员关键因素，持续开展配员专项检查，建立客船船员量化评价指标体系，运行船员管理质量监控系统，加强船员履职能力跟踪。建立实施船舶禁限航制度，完善安全信息预警机制，将客运船舶安全风险降至最低。联合省交通运输厅、船级社印发中小型客船设计与建造技术要求，引领山东沿海客船“安全智能、经济舒适、绿色环保”发展。

三是公司安全管理水平不断提升。连续九年组织辖区所有涉海单位开展“11·24”安全警示日活动，深刻反思“大舜”轮等重大客滚船事故教训，强化责任和忧患意识，“安全就是企业的生命”意识深入人心。不断完善规章制度，省际客滚船、中韩客货班轮公司全部实施体系化管理。省际客滚船、部分陆岛运输船实现驾驶台、机舱等重要场所和船舶的动态监控，小型客运公司探索开展联合经营，公司安全管理能力水平逐步提升。制定出台客运安全“十条意见”，鼓励企业加大安全投入，推动企业强化本质安全。“十二五”以来，山东客运船舶已更新527艘，占总数59.3%，威海市海大客运有限公司、渤海轮渡股份有限公司、中铁渤海铁路轮渡有限责任公司等3家客船公司连续多年荣获全国“安全诚信公司”称号。

（二）实践应用

1. 烟台海事局“五制五关”长效机制建设情况

烟台海事局所辖水域属于交通运输部确定的全国“六区一线”重点水域，其中烟台至大连客滚航线更是国家“五纵七横”公路网和“八纵八横”铁路网的重要组成部分，辖区客运企业多、客运船舶多、航线多、运量大，客滚运输海上安全风险高、社会关注度高、民生关联度高，海上客运安全监管责任重、压力大。烟台海事局牢固树立“以人民为中心”

的发展思想，始终牢牢牵住客运安全“牛鼻子”，认真履行海上安全监管职责，力保辖区客运安全形势持续稳定。

（1）建立安全管理责任网链机制，把好责任落实关。一是建立联席会议制度，每年联合港航、边防、港口消防、船级社等单位和客运站、客运船公司召开联席会议，持续深入推进“联网、联防、联动、联控”监管机制，打造安全链，织密安全网。二是梳理相关法规，厘清安全管理职责，将安全监管责任落实到每一个岗位和人员，并开展分层次培训，提高队伍履职能力，做到“精准履职”。三是协调地方政府专门成立港航、旅游、边防、海洋渔业、海事等相关单位人员为成员的海上联合执法领导小组，全面打击非法载客、超航区航行等违法行为，把好责任落实关，牵牢客运安全“牛鼻子”。四是抽调精干力量开展客运企业主体责任落实专项检查，实施“双进”活动，重点检查安全生产责任制的建立情况、安全培训活动开展情况、安全投入落实情况、应急管理工作开展情况等，对检查发现的所有问题逐一进行处理和落实。

（2）建立客运船舶综合管理机制，把好船舶适航关。一是全面摸底辖区客运更新运力实情，积极宣贯《山东沿海中小型客船设计与建造技术要求（试行）》，推进企业全面更新运力，提升安全基础。二是每年均根据季节特点和监管重点组织开展春运、暑期、“五一”“十一”等重点时段安全大检查，在安全检查工作中，打破海事处和部门限制，敢于较真碰硬，实施交叉安全检查和暗访，异地抽调安检员，防止“灯下黑”。三是全面落实《船舶安全监督规则》，实施客运船舶现场检查“清单制”；统筹推进国内航行船舶进出港报告专项整治行动，抓好客船进出港报告和开航前自查等两个方面的现场监督检查，辖区滨海旅游船舶全部实施进出港报告。四是探索实施对烟台中韩轮渡有限公司、烟台渤海国际轮渡有限公司日常监督检查机制，积极开展行政指导，督促企业制定船舶恶劣气象海况限禁航管理制度，并纳入体系文件严格执行，确保恶劣气象海况下主动停航。五是联合烟台市港航管理局实施辖区客运监管与暗访活动，联合大连海事局、中国船级社（CCS）建立起渤海湾客滚船联合检查机制。

（3）建立船员动态管理机制，把好船员适任关。一是制定《客船船员履职能力检查指南》，按照《客船船员履职能力检查表》，加强对船员安全知识与履职能力的检查，重点检查船员对船上关键性设备的操作能力，加大对船员应急反应的检查力度，重点对船长开展履职能力检查，抓关键少数，确保船员的应急反应能力符合要求。二是开展船舶安全配员的检查，严厉查处配员不足、人证不符、服务簿记载不规范等行为。三是严格按规定办理船员任解职，跟踪船员任解职情况，坚决查处船员骗取资历行为。

（4）建立差异化管理机制，把好现场监督关。一是贯彻落实客运船舶“七防两禁”要求，建立清单制，全面管控客运风险，坚决杜绝不合格船舶参与涉客营运，同时并持续完善“七防两禁”措施标准，开辟长岛“试验田”，优化管理要求，确保客运船舶各项监管举措抓实、抓细。二是实施“蓬莱至长岛陆岛客运航线一体化监管改革”，作为突破口和实验田打破部门条条框框、提升执法效能，推动海事治理现代化的质量变革、效率变革、动力变革。三是做好客运船舶安全员评估分析，利用评估结果实施客运船舶差异化管理，提高监管的针对性。四是建立客运船舶登记与现场监管信息共享机制，深化信息资源共享共融，及时将客运船舶登记信息通报海事处，实现客运船舶登记服务、管理、执法、监督等各环节信息资源共享。五是主动作为，设置“滨海旅游安全提示栏”，打好滨海旅游客运安全的“预防针”。

（5）建立安全信息预警机制，把好动态监控关。一是认真落实“2+1”动态监控工作举措，运用山东沿海客船动态监控系统，全力做好30人以上的客运船舶动态监控工作，及时发现船舶异常情况并第一时间组织核实与处置。二是及时收集、发布和预警恶劣气象海况、航线和航行区域通航环境变化、重大水上活动、军事演习、交通管制等影响客运船舶安全的各类信息，对客运企业、船舶、船员提供“点对点”服务，提高海上交通信息服务能力。三是针对《山东省交通运输厅关于进一步做好陆岛旅客运输工作的通知》与长岛经济、社会、民生发展紧密相关的有利时机，争取地方党委、政府对客运安全的重视、理解和支持，借力破解陆岛客运船舶禁限航难题。

烟台至大连客滚航线年均运输旅客400万人次，110万台车。烟台芝罘海事处探索建立了客滚船“343”监管工作法，科学统筹“港航生产线、海事监管线、资源保障线”3条线，围绕“责任、制度、监管、教育”4个方面要素，运用“行政指导、行政执法、行政协调”3种方式，实施客滚船现场检查“清单制”“双随机、一公开”和单船动态监控工作机制，实现了对辖区客滚船舶的精准、精细、闭环管理。

烟台长岛作为山东省唯一的一个海岛县，海域面积3541平方公里，有人居住岛屿10座，长驻人口4.5万人，开通陆（岛）岛运输航线3条，其中蓬莱—长岛—北五岛是山东辖区内距离最长、最繁忙的陆岛客运航线。烟台长岛海事处探索建立了“七严一拳”陆岛客运船舶安全监管工作机制，严防死守、严管重罚，铁拳打击海上非法载客，八年来共安全运送旅客3017万人次、车辆280万辆。

“十二五”以来，烟台海事局辖区未发生客运船舶等级以上事故，烟台至大连客滚船运输安全形势呈现出“安全、畅通、文明、便捷”的良好局面，烟台芝罘海事处“心系客滚船，情洒渤海湾”客滚船安全监管品牌2015年被部海事局授予海事“三化”好品牌，烟台长岛海事处2017年被交通运输部等五部委联合授予春运“情满旅途”活动先进集体。

2. 青岛前海海事处“5322”滨海旅游船监管机制

青岛前海海事处辖区包括青岛市市南区沿海岸线及其附近海域，岸线总长40多公里，每到旅游季节，游客往来如织、海上客运压力巨大。辖区海上旅游客人数约占青岛市海上客运的85%，占山东省的15%，是山东沿海滨海旅游客运最繁忙、客运量最大的区域。青岛前海海事处在全面分析滨海客运规律、科学识别风险因素的基础上，探索建立了“5322”滨海旅游船监管机制。

建立五项科学监管工作机制：一是船舶报告和动态监控机制。船舶报告和动态监控机制，是滨海旅游船动态监管法的基础。二是恶劣气象海况禁限航机制。在重要气象海况情况下实施交通管制（禁航或限航），大幅度降低旅游客船的不安全因素和不安全行为，提高安全水平和监管效能。三是网格化监管工作机制。根据辖区的实际情况和特点，将辖区划分为3个一级网格、8个二级网格，明确网格的范围、监管的内容和要求、监管责任人，确保监管责任落实到人。四是安全三方共商机制。构建安全管理链，海事、港航、企业三方共同参加，采取定期召开安全共商会议、现场交流观摩等形式，共同研究解决滨海旅游客运安全管理中存在的问题，促进安全管理水平的提升，督促企业落实安全生产主体责任。五是弹性工作时间机制。辖区淡季与旺季游客人数差别非常明显，7~8 月高峰季客运量占全年的 50% 以上。为此，调整集中执法力量，实施弹性工作时间机制：旺季全员到岗、节假日不休、早晚延时；淡季合理调减执法力量、调减现场执法时长、人员还休。

依托电子、海上和陆域三种巡查：一是电子监控巡查。通过电子巡查设备构建的科学监管平台等信息化手段，获得船舶的航行状态、位置、乘客秩序等动态情况信息，实现对辖区客运站点、航路、船舶的实时动态监控，结合气象海况数据提出监管措施，通过通信设备系统向监管对象下达监管指令或安全建议，及时制止船舶违章行为。二是陆域现场巡查。监管人员到达码头站点等陆域现场，对监管对象开展执法检查，视情开展全面通查、局部检查、深入细查等，提出监管措施或下达监管指令。三是海域现场巡查。监管人员乘执法艇到达通航密集区等海域现场，震慑和纠正海上违法违章行为，对客运船舶实施护航和监控，提出监管措施或下达监管指令。

严把安全检查和现场检查两个关口：一是严把安全检查关口，确保船舶适航、船员适任。二是严把现场检查关口，严厉打击“无证航行、超载航行、冒险航行和船员酒后驾驶”等违法行为。

落实船公司和船员两个安全主体责任：召开辖区客运公司会议，建立企业客运安全协调平台，开展航运企业安全生产主体责任落实情况专项执法检查，形成报告书下达公司，督促公司整改缺陷。协调船员培训机构培训班次，增加客运船员，提高船员储备，防止船员不适任或配员不足的情况发生。定期宣讲法律法规，及时警示事故险情，经常检查船员责任落实情况，严罚船员违法行为。

滨海旅游船“5322”监管机制的建立实施，有效提升了滨海旅游客运安全监管的系统化、规范化、精细化水平和监管效能，有力保障了青岛滨海 1245 万人次的海上安全便捷出行。

3. 青岛胶南海事处“3211”陆岛客运安全监管机制

青岛胶南海事处辖区内灵山岛常驻居民2600余人，积米崖至灵山岛陆岛客运航线是进出岛的唯一通道，该航线直线距离约9.2海里航线长、通航环境复杂。每年航行约9000艘次，运送旅客近60万人次，最高日120航次，运送旅客9000余人次，旺季运输量趋近满负荷。青岛胶南海事处坚决落实“五制五关”要求，探索建立了“3211”陆岛客运安全监管机制，全力保障陆岛运输客运安全。

“3”即现场监管严格执行“三定三随”工作标准。“三定”包括定班：每日7点30分前向客运公司和社会发布实时气象，根据气象条件协商确定航次计划，下达禁限航指令；定位：首班开航前全体执法人员按照网格化要求到达码头站点定位实施现场监管；定规：执法人员根据《检查清单》重点核查船舶配员、载客载货和安全状况，严把客船尤其首班的航行安全关口。“三随”即根据客流规律和预判，调度现场执法力量，做好随机抽查、随船检查、随时调度，做到日巡周查月检，实现对陆岛客运安全的严密精细盯防。

“2”即建立客船远程动态监控双套运行机制。包括：两级监控人员：客船动态监控实现双人双台值守；两套监控制度：全面运行《客船动态监控制度》和《视频远程监控制度》，两种监控手段：运用客船动态监控系统和CCTV系统。发挥气象观测、动态监控、异常核实、安全核查四大功能，对客船航行动态、载客情况高频次抽查与回放，并实时通报抽查结果。全年安全信息提醒2000余次，基本遏制超载等突出问题。同时借助海洋气象平台、气象预报系统等研判气象条件，及时发布海上风险预警，严格落实禁限航标准，全年共实施限禁航80余次，做到有禁必止。

“1”即推行1套安全标准化制度，落实企业安全生产主体责任。督促公司完善客船动态监控内部制度，组织制定单船“七防两禁”责任清单，加强人员教育培训。推动陆岛客运经营模式整合规模化发展，助力大型国有企业入资，推进安全升级。引入客船驾驶台实时视频监控系统等新技术手段，努力改善安全技术状况和管理能力。

“1”即构建1条客运安全监管责任链，推动落实客运安全属地管理责任。坚持地方政府牵头的客运安全月度例会、重要时段专题联席会议、入岛客流控制、旅客携带危险品查禁、气象预警和游客滞岛疏散、投诉处理工作制度。政府统一领导、职能部门合力监管和企业主体责任逐步落实的局面基本形成。

4. 日照奎山海事处"一查二治三巩固"滨海客运监管模式

日照奎山海事处辖区海岸线全长约30公里，客运船舶数量众多，且"小、散、全"特点明显："小"即公司规模小，有旅游船客运公司15家，多为"家庭式"公司，管理水平低；"散"即营运点分布散，沿海旅游船营运点多；"全"即种类全，客滚船、高速客船、旅游客船、游艇等涉客船舶种类齐全。日照奎山海事处以"三个清单"+"三项措施"为抓手，探索建立了"一查二治三巩固"滨海客运监管模式，推动日照滨海旅游客运安全监管工作迈上新台阶。

"一查"，即通过梳理并排查旅游客运中存在的各类安全隐患和风险点，制定安全隐患清单、营运船舶清单、持证船员清单"三个清单"，持续对营运的旅游船和持证合格船员进行深入排查，为现场执法提供可靠依据，应对旅游船和船员变动频繁等问题，确保船舶适航、船员适任。"二治"，即按照"三项措施"大力开展安全隐患治理。一是抓船舶检验、船公司管理"两个源头"，实现监管压力前移。二是通过海事监管，本着处罚与教育、严管与服务相结合的原则，积极争取船公司的理解和支持，督促其主动消除安全隐患。三是联合当地政府、旅游站点管理单位联合整治存在的安全隐患。"三巩固"，即对已经消除隐患的领域定期开展"回头看"，以巩固成果，防止问题反弹。

2018年，日照奎山海事处共查处32起客运船舶违法行为，罚款19.4万元，分别占山东辖区客运船舶违章查处的41.6%、53.8%，同时在地方政府领导下协同有关部门依法取缔辖区多处水上非法旅游站点，停运17艘龙舟、3艘快艇，辖区客运安全形势呈现出良好的发展态势。

5. 威海刘公岛海事处"一心两线"客渡船安全监管机制

威海至刘公岛航线具有陆岛运输和滨海旅游双重属性，年均进出岛客运船舶7万余艘次，运送游客近650万人次，是威海地区年均进出艘次最多、客流量最大的一条客运航线。威海刘公岛海事处以打造精品航

线品牌为重点，以安全基础牢固、责任落实到位、工作机制健全为目标，探索建立了“一心两线”客渡船安全监管机制。

“一心”，即威海—刘公岛综合监控中心。按照山东海事局构建“四全一快”现代化监管体系的整体要求，2013 年威海海事局联合刘公岛管委采取合作共建的模式，通过整合监管资源、强化信息装备、优化现有监管条件建立了威刘航线综合监控中心。联合监控中心综合利用雷达、AIS、CCTV、气象观测、指纹采集等集成系统，结合相关软件的开发利用实现了对船舶动态、船员动态、游客情况的多种监控手段，同时按照岛外停泊、航行中、岛内停泊三大区域，为海事监管人员、公司船舶调度人员提供全方位、全天候的航线实时动态信息。目前，威海—刘公岛综合监控中心拥有“科学监管信息系统”“客船综合执法系统”“动态辅助巡航系统”“乘客定额核查系统”“辅助调度指挥系统”“综合信息发布系统”“船员值班检查系统”等 7 大系统功能。

“两线”，即威刘航线海事安全监管主线和刘公岛管委安全生产主线。公司坚持以客渡船五统一（统一售票、统一检票、统一调度、统一管理、统一结算），严格执行《威海海事局辖区各港口禁（限）航标准》。能见度低于 200 米或风力达到蒲氏 7 级（不含 6~7 级）实施禁航。海事机构坚持以船舶载客专项检查、船员值班专项检查、船舶雾航专项检查、“四防一禁”专项检查为抓手，探索建立了开航前会商、船舶、船员、乘客“223”闭环链条检查、大型活动海事保障、船长季度安全管理会议、淡季补技能制度等五项工作制度。

6. 威海新港海事处“五指合拳”中韩客货班轮监管机制

威海新港海事处辖区内有我国至韩国的第一条海上客箱班轮航线，现有 2 艘营运船舶，该航线通航环境复杂，客流量大，国际敏感性高。威海新港海事处结合辖区特点，探索建立了“五指合拳”监管机制，全力维护中韩客货班轮运输安全。

一是抓源头，督促客运企业落实安全生产主体责任。定期开展公司走访和督导，督促中韩班轮公司认真落实山东局“客运十条”工作要求，建立“七防两禁”清单。

二是制清单，强化风险管控和隐患排查。认真落实山东海事局客运船舶“五制五关”长效监管机制，制定中韩客箱班轮的“三定三查”（定期、定人、定项和巡查、检查、排查）监管清单，切实加强托盘、集装箱绑扎系固、危险品查堵、港内安全作业等现场监管，消除安全隐患；建立安全风险公告制度，针对中韩客箱班轮船龄、航线等特点，提出船舶存在的安全风险，明确风险级别和风险管控措施。

三是抓动态，实现客船监管全程覆盖。督促两家中韩班轮客运公司建立监控室，充分运行“山东沿海客船动态监控系统”，实现对中韩班轮全程动态监控；指导企业建立完善监控制度，提升企业安全管理水平。

四是严检查，确保船舶适航。“五一”、暑期、“十一”等重点时段选派骨干力量开展中韩客箱班轮 PSC 检查；开展集装箱开箱检查，严防危险品上船，严查谎报瞒报。

五是强四联，形成监管合力。牵头海关、边防和检验检疫部门等口岸单位针对中韩客箱班轮开展联合登临检查，通过联合检查互通监管信息，加强工作联动，提升监管合力；建立与港口、客运企业沟通渠道，严格落实中韩客箱班轮禁限航措施；组织开展公司、港航以及港口方等多部门共同参与的无脚本、无预设情景的船岸联合演习，提高应急处置能力。

中韩客箱班轮航线开通 28 年来，累计进出船舶 8000 余艘次，安全运送旅客约 400 多万人次，为促进中韩两国人民民间往来、深化经贸领域合作交流搭建了安全之桥、友谊之桥。

“路漫漫其修远兮，吾将上下而求索”。山东海事局将在交通运输部和山东省委省政府的正确领导下，牢固树立以人民为中心的发展思想，勠力进取，探索实施山东沿海客船“零事故”工程，着力提升海事治理现代化水平，努力开创山东沿海客运管理新局面，为山东经济社会发展和人民群众平安出行提供支撑保障。

第三篇 “六问六控”——镇住危险品运输“火山口”

一、山东沿海危险货物运输综述

随着国民经济的快速发展，国家对能源和化工产品的需求急速增长，大量具有易燃、易爆、毒害、腐蚀性、放射性的危险化学品不断问世，危险品事故在生命、财产、生态、社会舆论等方面造成的后果和影响迅速提升。海运危险货物在流通领域具有数量大、种类多的特点，由此产生的风险也居高不下。山东沿海危险货物的数量和种类一直呈现“双增长”态势，2018 年山东沿海危险货物运输量达到 3.99 亿吨，其中油类运输稳居全国第一。面对危险货物种类、数量双增长的新态势，如何高效、等效、时效的判别海运危险货物的风险？如何使危险货物安全监管措施对重点风险的管控更具针对性？如何使危险货物安全监管机制由警戒式管控向风险式防控转变？如何使危险货物现场监管效能由分散化向程序化转变？如何使污染应急防备由被动性向主动性转变等问题一直是我们深思并亟待解决的关键所在。

（一）山东沿海危险货物运输现状

1. 船载危险货物运量持续增大

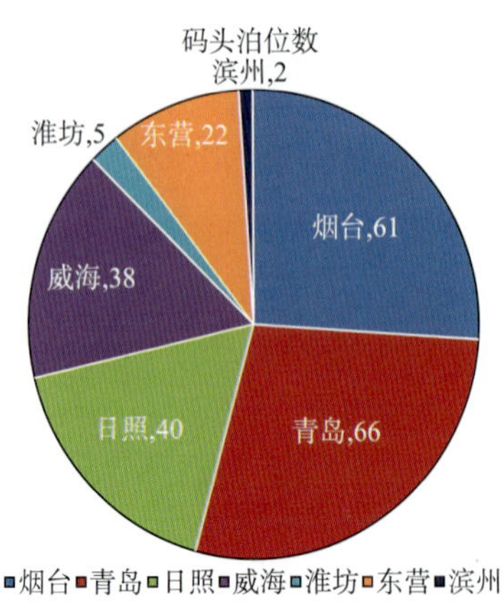

各分支局危险货物码头泊位数分布图

目前，山东省已经形成了以青岛、日照、烟台为主，东营、威海、潍坊、滨州为补充的，港口布局较为合理、配套设施较为完善的危险货物运输港口群。辖区共有危险货物装卸作业单位 80 家，危险货物码头泊位 234 个，其中有 139 个液货泊位（包括 6 个 30 万吨原油码头、1 个 25 万吨原油码头、1 个 LNG 码头；23 个可装卸液化气体，72 个可装卸危险化学品），40 个集装箱泊位，58 个杂货危险货物泊位，14 个滚装危险货物泊位。此外，辖区还有海上石油钻井平台 55 个，浮式生产储油卸油装置（FPSO，Floating Production Storage and Offloading）3 个。

自 2000 年以来，山东沿海危险货物运输量保持了较快的增长速度。2018 年危险货物运输量达到 3.99 亿吨，是 2000 年的 13 倍，年均增长率达到 15.4%。尤其是进入“十二五”之后，危险货物运输量增速明显，年均增长率达到了 18.6%，远大于“十二五”之前年均 12.9% 的增速。

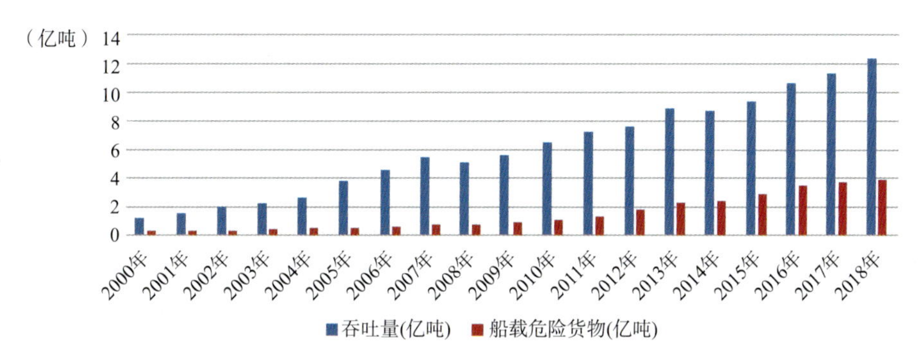

2000—2018 年山东沿海货物进出港及船载危险货物量趋势图

伴随着危险货物总量的快速增长，危险货物运输船舶的大型化趋势也日益明显。从 2010 年到 2018 年的 9 年间，危险货物总量增长 290%，而危险货物运输船舶艘次仅增长 10%，自 2016 年起危险货物运输船舶艘次更是持续下降。而作为船舶大型化的代表，VLCC（超大型油轮）艘次数 2010 年至 2018 年增长了 310%。

2. 船载危险货物种类繁多

危险货物中，散装油类占比最大，2018 年达到 2.58 亿吨，占危险货物总量的 64.7%。其次为固体散装危险货物 1.19 亿吨，占 29.8%。包装危险货物、散装化学品及散装气体占比仅约 5%，但种类繁多、性质各异，其中包装类危险货物超过 1780 种，散装液化危险货物有 87 种。

各类危险货物均有不同程度增长，其中固体散装危险货物、包装类危险货物和散装液态化学品增长最为迅速，尤其是易流态固体散货运量大，在冬季频发的恶劣气象海况条件下具有较高的安全风险。

VLCC 船舶艘次趋势图

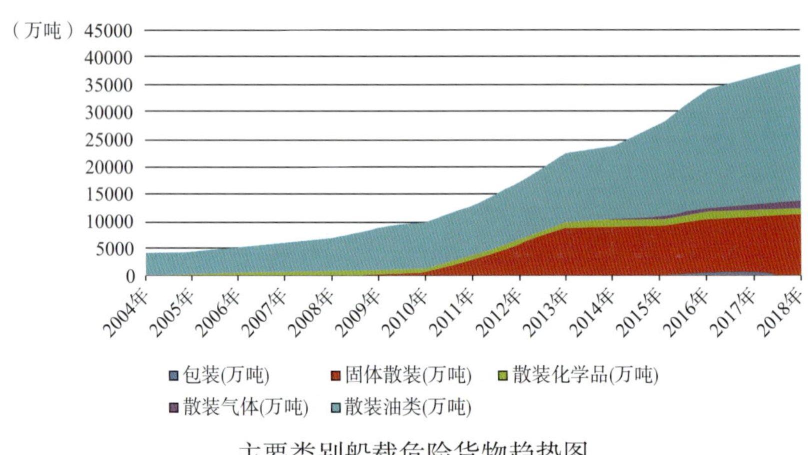

主要类别船载危险货物趋势图

3. 高风险区域多，事故发生概率大

“两点一域”特殊功能区监管压力大，日照岚山是北方最大的散化货物集散点，青岛黄岛是国家四大石油储备基地之一，环渤海区域作为油田、船舶、渔船等聚集区域和生态环境敏感区域，多源性溢油污染风险大，民生关注度高，环境敏感度高。成山头南北通道及长山水道水域作为进出渤海的主要航路，过往船舶多，危险货物占比高，平均每天近 80 艘次船舶载运 100 余万吨危险货物进出山东沿海港口。山东沿海广泛分布沿着海洋自然保护区、渔场、养殖区、海洋旅游资源等高敏感区，一旦发生载运危险货物事故，对敏感资源和环境造成的破坏难以估量。

（二）海运危险货物监管难点

经过多年发展，国际公约、法律法规和技术标准逐步健全，从事危险货物运输的船舶管理日趋规范，这是海事部门对海运危险货物实施长

效管理机制的优势所在，但结合实际，仍存在以下难点：

1. 危险货物信息获取不全面

信息是安全监管的基础，目前海事部门关于危险货物特别是包装危险货物的信息获取不全面，各地海事部门积极探索口岸电子数据共享来有效获取外贸集装箱，但对于内贸集装箱仍以查堵为主，导致效率低下，同时谎报、瞒报等违法现象多发，极易导致危险货物事故。

2. 监管人员技能要求高

海运危险货物种类的多样性、物理化学性质的复杂性对于监管人员全面性技能的要求非常苛刻，这是不容回避的难题。

3. 风险隐患识别缺乏标准

海运危险货物涉及人、船舶、环境、货物、制度等交错混杂的风险因素，如何有针对性地识别错综复杂风险隐患仍缺乏统一、可行的标准。

4. 各方应急协调联动难度大

与客船、三无船等多部门监管职责交错不同，海运危险货物在协调上的最大难度是在监管和应急两方面缺乏多方协调、联动的主动性，容易导致监管责任推诿、避让，对于应急联动有效应对极为不利。

5. 企业和从业人员安全意识淡薄

港口、船东以及申报员、装箱员、代理、船员等企业和从业人员缺乏居安思危意识，存在侥幸心理，安全意识淡薄加剧海运危险货物的安全风险。

二、“六问六控”长效机制构建路径

在海上安全生产总体系统下，通过对“人、船（货）、环境、制度”四个系统单元点和“离泊、航行、靠泊、锚泊”四个过程流的矩阵模型分析得出“四重一关键”基本规律，在此基础上结合船舶载运危险货物安全运输这一子系统的运行特殊性，对其中的基本规律进行提炼细化，则船舶载运危险货物安全运输的总体目标可以细分为货物适运（申报审批环节）、环境适行（锚地锚泊环节、船舶进出港环节）、码头适靠（装卸作业环节）、船舶适航（船况适航环节）、人员适任（人员履职意识和能力）、防备适用（应急防备、安全预警环节）六个子目标。

为实现对这六个子目标的安全管控，应当关注船载危险货物安全监

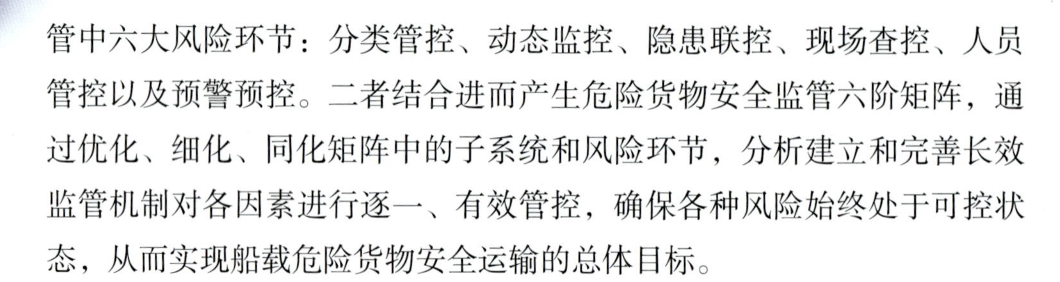
管中六大风险环节：分类管控、动态监控、隐患联控、现场查控、人员管控以及预警预控。二者结合进而产生危险货物安全监管六阶矩阵，通过优化、细化、同化矩阵中的子系统和风险环节，分析建立和完善长效监管机制对各因素进行逐一、有效管控，确保各种风险始终处于可控状态，从而实现船载危险货物安全运输的总体目标。

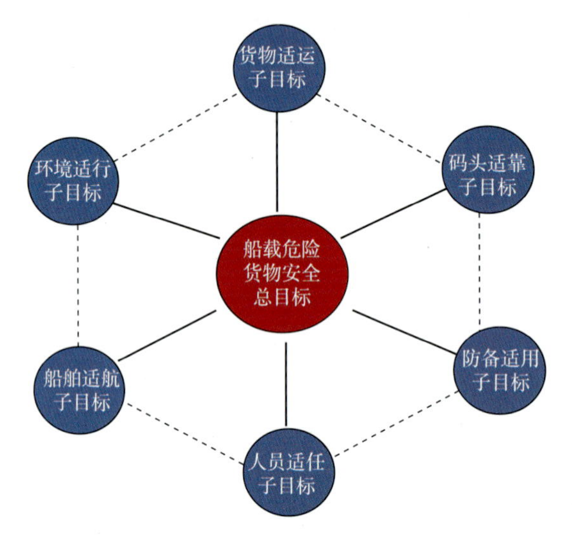

船载危险货物安全子目标

三、“六问六控”长效机制基本内涵

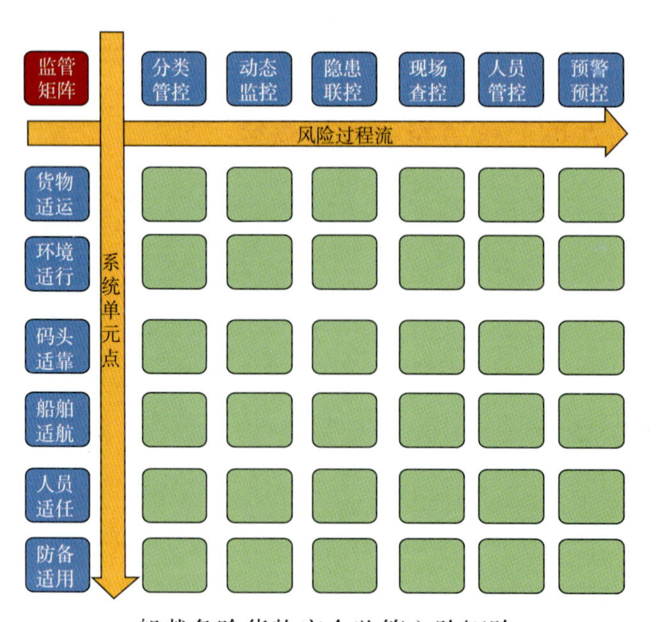

船载危险货物安全监管六阶矩阵

（一）“六问”具体内容

在船载危险货物安全监管中，要严格落实“六问”风险评估，结合岗位职责认真对各环节存在的风险进行预判，为采取针对性管控措施奠定基础。

一问危险货物是否适运。主要包括：拟交付船舶载运的危险货物是否符合相关法律法规的运输规定？是否满足海上运输条件？

二问危险货物船舶进出港通航环境是否适行。主要包括：气象、海况条件是否满足航行要求？进出锚地、航道是否符合通航安全要求？

三问危险货物码头是否适靠。主要包括：拟靠泊船舶种类、吨级范围和货物种类是否与码头资质相一致？

四问危险货物从业人员是否适任。主要包括：船员是否持有适任证书？船员是否通过相应的特殊培训？危险货物申报员、危险货物集装箱装箱现场检查员（以下简称“两员”）是否具有从业资质？

五问危险货物船舶是否适航。主要包括：船舶结构与设备是否满足危险货物运输要求？船舶是否持有有效危险货物适装证书？货物装载是否满足积载、隔离、平舱等要求？

六问应急防备是否适合。主要包括：港口码头制定的污染应急预案是否备案？载运危险货物船舶是否制定危险货物泄漏事故的应急预案以及船舶溢油应急计划？是否按计划进行演练？船上是否配备必要的应急物资和设备？

（二）“六控”具体内容

1. 推行危险货物分级管控

（1）实行危险货物风险分级。根据货物的火灾危害性、健康危害性、反应危害性、海洋污染危害性等理化特性及载运限制条件等，结合山东辖区历史危险货物事故险情情况、沿海气象海况规律、通航环境状况、应急防备情况和监管现状等，对辖区危险货物进行科学分级，根据风险由高到低划分为 A 级、B 级、C 级。各分支局及相关海事处根据辖区实际情况建立并及时更新危险货物等级数据库。

（2）实行风险分级管控。根据船载危险货物申报审批和风险分级情况，明确分级管控措施。定期对辖区进出港的危险货物运输风险管控开

展后评估工作，查找薄弱环节并持续改进。

2. 推行危险货物船舶航行过程动态监控

依据 VTS 系统现有功能，根据交通流量和通航环境情况及港口船舶动态计划实施交通组织；对报告进入 VTS 水域内的危险货物船舶进行标注和跟踪，提供信息服务；加强对 VTS 区域内警戒区、船舶交通流密集区、锚地等重点水域的监控，对操作能力受限制的载运危险货物的船舶，应当疏导交通，必要时可实行相应的交通管制。

3. 推行船舶装卸重点隐患联防联控

（1）严把危险货物审批关。严格船载危险货物进出港许可，向港口行政管理部门通报相关信息。对辖区运输新增货种、危险类别不明或其他特殊敏感的货物，研究确定安全风险和管控措施。必要时可通过专家咨询、联合会商等形式研究确定，切实提升监管的科学化水平。

（2）深化隐患排查和治理。督促船舶开展装卸作业安全隐患排查，及时消除安全隐患。针对装卸作业过程中出现气温或风力异常、突发雷暴等突发情况，督促船舶采取针对性措施。

（3）推动危险货物管理基础信息联网。积极参与口岸单位、港航企业、港口行政管理部门和其他相关主管部门的危险货物基础信息联网，实现信息共享，提高信息化管理水平。基层海事处要针对船舶装卸作业建立海事、码头、船舶三方信息互动机制。

4. 推行从业人员主体责任管控

（1）加大船员适任管理。加大对载运危险货物船舶的船员的实操检查力度，提高船载危险货物安全操作能力和应急处置能力。

（2）严格“两员”资质管理。规范“两员”考试、发证和注册工作，加强日常监管。

（3）推行“两员”动态管理。各有关单位要针对“两员”从业情况、违法、违规情况实行动态管理。

5. 推行船舶－货物现场检查管控

（1）明确现场检查工作重点。综合分析船载危险货物运输特点、风险分级情况和船舶状况，明确现场检查工作重点。

（2）规范现场检查工作。针对辖区载运危险货物船舶和危险货物风险分级，结合部门职责和监管人员实际情况，分别制定《船载危险货物现场检查工作指南》，规范现场检查工作。

（3）推行船载危险货物现场监管六步工作方法。船载危险货物现场监管要做到一看、二问、三查、四评、五警、六盯。一看，主要是通过现场查看，对载运危险货物船舶及其周边环境是否符合安全要求进行判断，对于存在的隐患及时查处整改；二问，主要是通过与船员、码头作业人员等的交流，了解掌握船舶的安全状况、装卸货条件是否具备等信息；三查，主要是通过船舶安全检查、现场监督检查、船岸安全检查等，发现安全隐患，并及时处置；四评，主要是对上述检查情况及时进行评估分析；五警，是指根据评估情况，进行风险警示，向船舶、港航企业通报警示情况，及时纠正安全隐患，对违章的要进行处罚；六盯，主要是对载运高危险等级货物的船舶要进行重点盯防，强化监管。

6. 推行事故风险动态预警预控

（1）建立危险货物应急资源信息数据库。结合实际建立船载危险货物应急资源数据库，包括危险货物理化数据库、应急预案数据库、两员资质数据库、应急设备数据库、应急专家数据库、审批人员数据库、公约法规数据库、码头泊位数据库，及时进行更新。

（2）运行危险货物预警平台。发挥危险货物预警平台在安全监管中的辅助作用，提升监管信息化水平，及时更新危险货物分级信息和应急资源信息，及时发布和处理各类预警信息，提高船载危险货物风险预控能力。

（3）加强事故应急防备能力建设。结合监管职能和辖区实际，督促船舶配备必要的应急救援器材、设备，按照船上应急计划组织应急演练，认真评估演练情况，及时完善应急计划。推动地方政府加强船载危险货物事故应急防备能力建设，提升快速有效处置能力。

四、“六问六控”长效机制实践应用及成效

（一）总体成效

“六问六控”长效机制的实施，规范和统一了危险货物风险评估、风险识别和风险管控工作。建立并完善了安全监管基础数据库，规范了安全监管执法行为；突出了高温季节、超大型油轮和汽油船等安全监管工

作重点，编制了超大型油轮监管和汽油船泄漏应急处置等系列工作指南；推广复制了选船机制和“2+4”瞒报查处工作机制等先进管理经验；完善了事故预警预防体系，保障了山东沿海船载危险货物运输安全形势的持续稳定。

长效机制的实施，牢牢把握了辖区安全监管规律，对加强船载危险货物安全管理起到了“指挥棒”作用，有效调控每年3亿多吨危险货物的安全运输，实现“零”事故，对规范船载危险货物安全监管工作和提升安全监管水平具有较强的指导意义。

（二）实践应用

1. 烟台海事局危险货物双选船机制

危险货物双选船机制是货主企业选择高标准船舶运输与海事选择加大低标准船监管相结合的一种安全管理模式。

企业选船是参照国际石油公司行业检查机制，由危险货物货主利用自身的市场优势地位，制定高于现行国内技术规范的企业选船标准，按照企业的船舶检查评估程序，由本公司检查人员或委托第三方中介组织按所制定的标准对拟租用船舶进行检查，选择船舶结构更好、设备设施更优、船员素质更高、公司管理更规范的船舶承运货物。

海事监管选船是指海事部门针对载运危险货物船舶等级评定、公司信誉状况及安全检查情况等，建立现场监督检查目标船选择程序，通过提高检查频次、扩大检查范围、细化检查内容等手段，加大对低标准船舶的监管力度，降低危险货物运输风险。

双选船机制的主要特点：一是有利于提高监管效能。通过选船机制，海事部门加大了现场监督中对“低标准”船舶的监管力度，将有限的监管力量集中在船况差、管理水平低的船舶，提高了事中事后监管效率，实现海事现场执法的“精准打击”。二是有利于落实运输企业及货主的安全主体责任。企业货主立足于其自身安全管理实际情况，从船舶状况、货物特性、船员适任能力等方面综合评估，规范选船，拒绝风险高的低标准船舶，最大限度地消除危险货物运输中的安全隐患。三是海事监管选船与企业运输选船信息互通、互为补充。在海事监管选船过程中，会参考和使用企业的检查评估结果，自动将评价等级良好的船舶列为免登轮或少登轮船舶，将评价等级较差的船舶列为重点监管船舶，科学的实现了危险货物船舶差异化监管；同时，企业选船过程中，除了自身组织相应检查外，也将海事部门安全检查的历史数据列为重要参考。这样既可以提高海事部门监管效能，也有利于落实危险货物运输企业及货主安全主体责任，实现了市场调节与海事监管的良性互动。

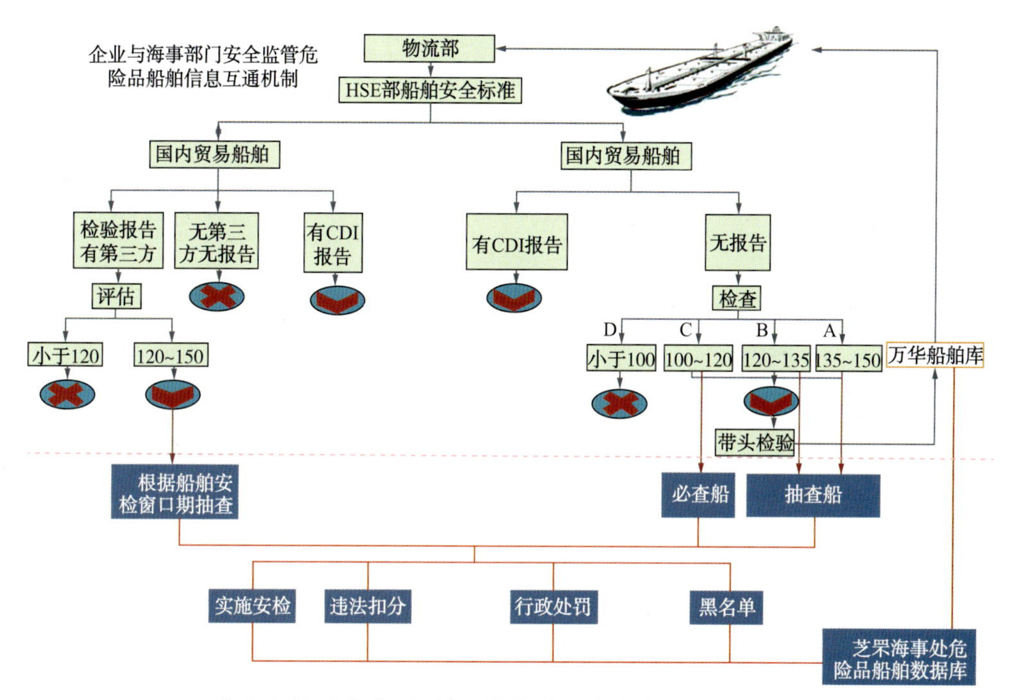

企业与海事部门安全监管危险品船舶信息互通机制

自 2016 年推行危险货物双选船机制以来，在烟台海事局辖区龙口港、莱州港、蓬莱港等港口得到了广泛的推广。2017 年获得了山东海事局管理创新三等奖。

2. 青岛海事局深入实施“化危为安”工程

围绕“平安海区”建设，青岛海事局认真贯彻法律法规和各上级主管部门关于船载危险货物安全监管的相关规定和要求，结合青岛辖区工作实际，深化“六问六控”长效机制，推进实施船载危险货物“化危为安”工程，努力保障辖区船载危险货物安全形势持续稳定。

青岛辖区船载危险货物具有“两多一大”的特点。“泊位多”，共有危险货物作业码头泊位 68 个，其中散装油类和化学品作业码头泊位 31 个，集装箱危险货物作业码头泊位 28 个，杂货及多用途码头作业泊位 8

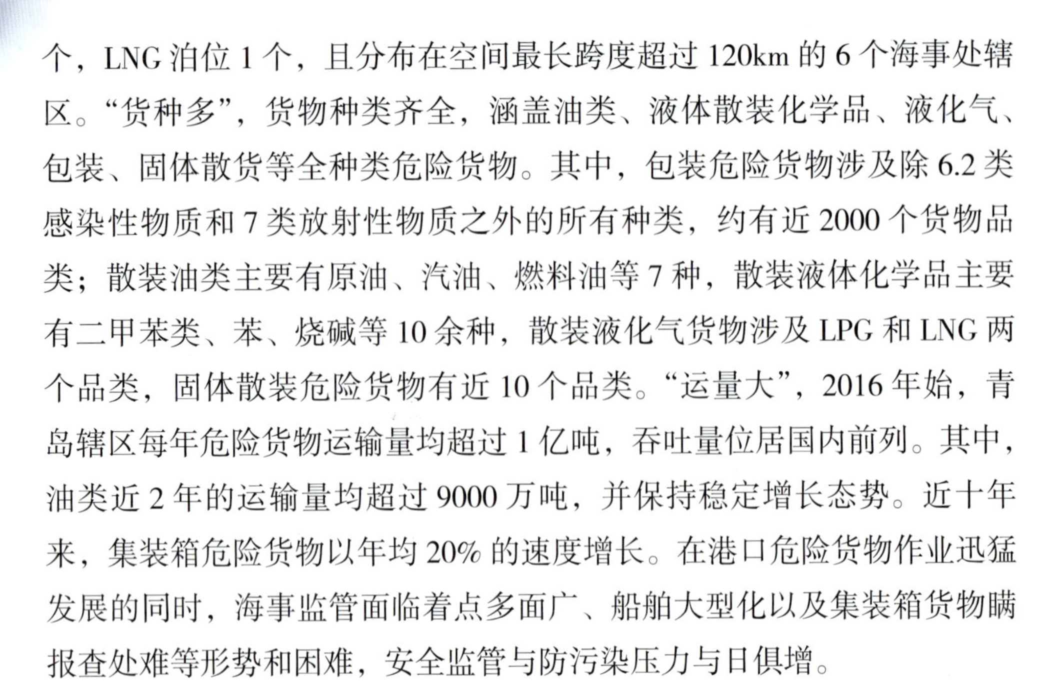
个，LNG 泊位 1 个，且分布在空间最长跨度超过 120km 的 6 个海事处辖区。“货种多”，货物种类齐全，涵盖油类、液体散装化学品、液化气、包装、固体散货等全种类危险货物。其中，包装危险货物涉及除 6.2 类感染性物质和 7 类放射性物质之外的所有种类，约有近 2000 个货物品类；散装油类主要有原油、汽油、燃料油等 7 种，散装液体化学品主要有二甲苯类、苯、烧碱等 10 余种，散装液化气货物涉及 LPG 和 LNG 两个品类，固体散装危险货物有近 10 个品类。“运量大”，2016 年始，青岛辖区每年危险货物运输量均超过 1 亿吨，吞吐量位居国内前列。其中，油类近 2 年的运输量均超过 9000 万吨，并保持稳定增长态势。近十年来，集装箱危险货物以年均 20% 的速度增长。在港口危险货物作业迅猛发展的同时，海事监管面临着点多面广、船舶大型化以及集装箱货物瞒报查处难等形势和困难，安全监管与防污染压力与日俱增。

为了更好地履行海事职责、服务地方经济发展、保障人民群众的生命和财产安全、保护海洋环境，青岛海事局深入实施船载危险货物“六问六控”安全监管长效机制，结合辖区实际，建立并实施了船载危险货物“化危为安”工程。通过“化危为安”工程建设，全面查纠安全隐患、遏制险情发生、严厉打击违法行为，长效机制建设取得显著成效。

集装箱危险货物瞒报是海上安全事故的重大隐患，查处瞒报违法行为是保障集装箱货轮安全的重要抓手。青岛前湾海事处总结了 2005 年至 2014 年十年间瞒报查处经验，总结提炼出船载危险货物“2+4”瞒报查处工作机制，即以甄别嫌疑目标集装箱和确认箱内危险货物性质这两个关键环节为抓手，采取筛选排查、开箱查验、取样送检和调查处理四步工作法。2015 年至 2018 年，应用“2+4”机制，查处瞒报案件 116 起，瞒报案件从年均 8 起增加到 29 起，效率提高了 262.5%。尤其是天津港“8 · 12”爆炸事故发生后，在大批货物转移至青岛港的形势下，瞒报查处的高压态势有力震慑了瞒报违法行为，保障了集装箱危险货物运输形势持续稳定。

青岛辖区液体散装危险货物的运输总量连年超过 1 亿吨，是安全生产的“火山口”，青岛黄岛海事处总结了监管经验和国内外以往事故教训，把液体散货船装卸货作业期间作为安全监管的重点时段，形成了“生产经营单位负责、职工参与、政府监管、行业自律和社会监督”安全管理理念，提炼出“五位一体”的“船岸安全共同体”安全管理模式，从意识、制度、机制、设备和人员技能等五个方面努力推动海事、港航、港口与航运企业共同打造散装液体危险品“船岸安全责任共同体”。强化企业安全生产主体责任意识，推动企业实现从“要我安全”到“我要安全”，健全隐患排查与安全管控规章制度，推动企业实现安全生产体系化管理。建立危险品船舶选船机制，实现安全生产科学管理。强化船舶防污染能力建设，严防船舶重大污染事故险情。提高从业人员安全管控知识技能，提升企业本质安全能力水平。在实践中，建立了“1+5”危险品码头作业船舶安全管控制度体系、进港危险品船舶安全选船机制、在港船舶安全作业“负面清单”制度等10余项制度机制，开创了港口企业安全管理培训“多元化参与”新格局，有效解决液态危险品船舶装卸作业船岸界面安全风险管控安全监管难题。2015年以来，累计对30多艘危险品船舶实行“拒绝进港”，发现并纠正500余艘次危险品船舶安全缺陷2200余项，在油类危险品运量大、增长快、风险高的情况下，力保青岛辖区液体散装危险品船舶“零事故”。

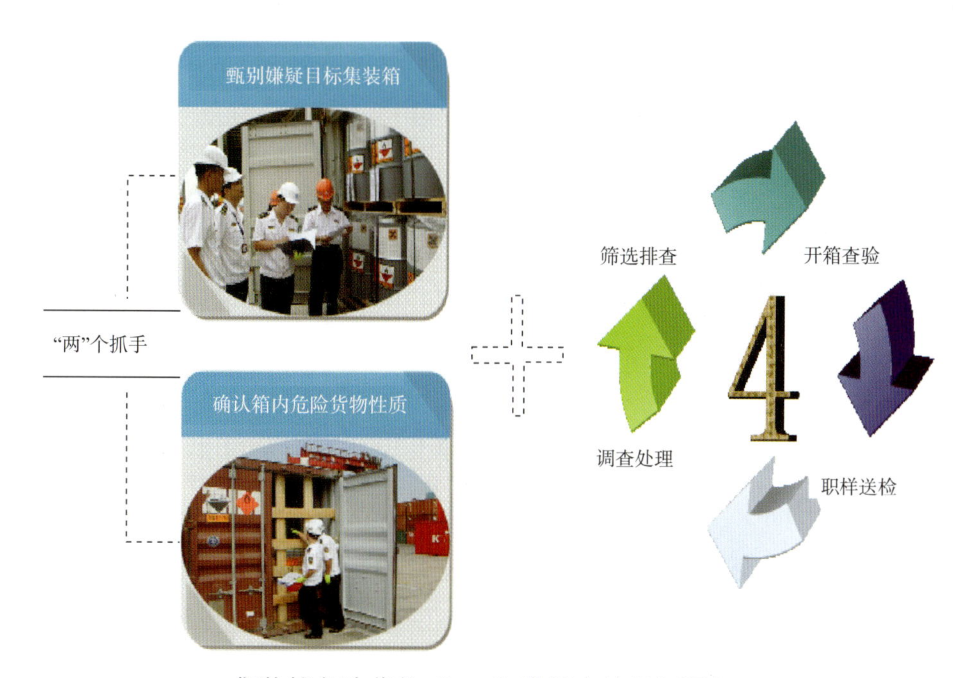

集装箱危险货物“2+4”瞒报查处机制图解

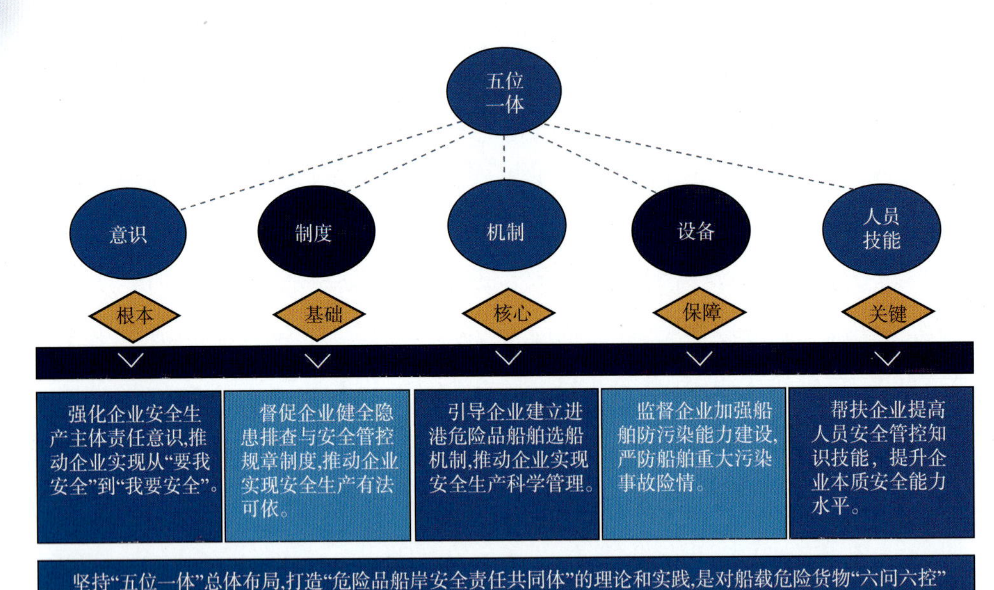

液体散装危险品“船岸安全共同体”安全管理模式图解

随着环保重要性的不断提升，清洁能源需求日益增加，辖区对 LNG 等清洁能源的运输需求日益增加。为保障其安全运输，董家口海事处筹备组提炼 LNG 船舶“五链五提升”安全监管工作法。一是形成了到港 LNG 船舶全过程安全监管链，提升海事机构全过程监管水平。二是串联了 LNG 船舶安全生产主体责任链，提升企业安全生产主体责任意识。三是构建了董家口港区 LNG 船舶信息共通链，提升了各相关方船舶管理水平。四是打造了 LNG 船舶区域安全监管链，提升跨区域船舶安全管控力度。五是组建了 LNG 船舶安全管理队伍共建链，提高各方 LNG 船舶安全管理水平。在各方的共同努力下，中石化青岛 LNG 接收站投产以来创下了 LNG 船舶在国内最严格的通航监管标准下（风力、能见度），最高效率的进出港作业记录（突破 1000 万吨用时最短）。天然气“迎峰度冬”保供期间，辖区 LNG 船舶接卸艘次达到了月均 7~8 艘的设计峰值。在船舶安全监管方面，深挖隐患根源，发现并纠正 LNG 船舶设备安全隐患 20 余项，促进企业安全管理体系整改 6 项，内容涉及船舶进出港航行安全、主机运转测试、船舶电站安全防护，以及救生设备操纵等方面，通过公司体系的整改促进企业安全管理水平不断提升。

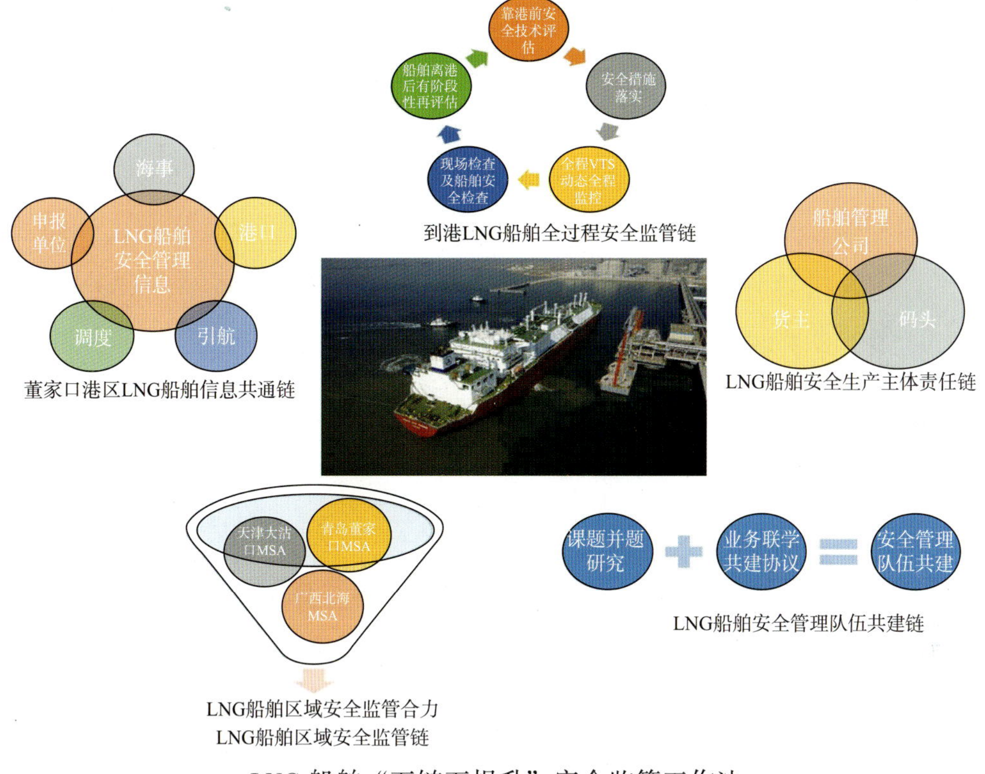

LNG 船舶“五链五提升”安全监管工作法

“化危为安”工程是青岛海事局船载危险货物安全管理的现实追求和永恒目标，将对辖区船载危险货物安全运输形势持续稳定起到“压舱石”的作用。

3. 东营海事局“六环节四反馈”中小型油轮监管工作经验

东营辖区海上油品运输量约占辖区总船舶运输量的 80%，其中运输船舶又以中小型油轮为主，这类船舶安全管理较差，船舶技术状况参差不齐，船员素质普遍不高，非法违法行为时有发生，海上交通安全风险较大。在此背景下，东营海事局依托船载危险货物“六问六控”安全监管长效机制，注重把握规律，找准关键环节，总结提炼出“六环节四反馈”中小型油船监管工作法，实现了科学监管，有效保障了辖区安全形势的稳定。

东营海事局将中小型油船安全风险因素分为货物、作业、船舶和管理四个大方面、17 个小因素，利用层次分析法（The analytic hierarchy process，AHP）对 17 个风险因素进行计算排序，找出主要和次要风险，

并找准对应的监管环节以便找准监管关键环节。根据层次分析法计算排序结果和“六问六控”安全监管长效机制的监管思路，将中小型油船安全监管划分成码头选船、危货审批、代理告知、码头巡逻、现场监管和缺陷跟踪六个环节，在对各个环节进行监管时，将有关情况反馈到相应的其他环节，被反馈的环节根据反馈情况，调整本环节监管方式和监管力度，使整个危险品船舶运输环节变成一个可持续、可控制的实时监控流程，从而形成完善安全保障链。

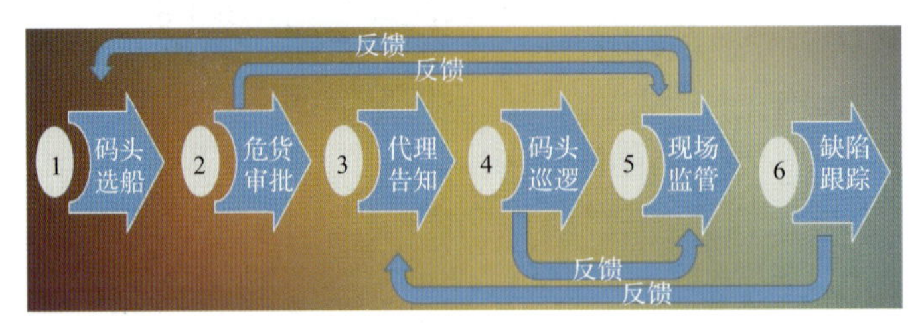

“六环节四反馈”图解

“六环节四反馈”在形成了安全保障链条，进一步完善了“四联”机制的同时，主要是落实了四个责任。

落实码头单位安全生产主体责任。通过码头选船环节、码头巡逻环节和现场监管反馈码头落实了码头企业的安全生产主体责任，形成了海事、码头的良好联动机制，提升辖区水上交通本质安全。其中码头选船环节主要是推动各个码头建立选船机制，以船龄、现场监督检查缺陷等为标准，对到港船舶进行提前预审制度，杜绝低标准船靠港作业；码头巡逻环节主要是引导码头建立码头安全巡逻小组，对靠泊船舶的作业安全开展不定期巡查，减少违规操作。现场监管反馈码头主要是形成企业和政府部门的联动，发挥海事专业优势，将船舶技术状况差、船公司日常管理差、船员履职能力差的有关公司和船舶建立内部评分和黑名单制度，并视情况告知码头单位，码头在之后的选船环节中综合考虑，避免低标准船舶进入东营辖区。

落实航运公司安全生产主体责任。通过代理告知环节、缺陷跟踪环节和缺陷跟踪反馈代理告知落实航运企业安全生产主体责任，督促航运企业加强船舶安全管理，完善风险管控和隐患治理两个体系。代理告知环节主要是海事部门结合日常监管情况，将常见缺陷、问题和风险点形成“明白纸”，由船舶代理在船舶进港前发送至船舶，由船舶提前开展自查自纠，在降低事故发生概率的同时减少船舶被滞留和处罚的可能。缺陷跟踪环节和缺陷跟踪反馈代理告知主要是对检查发现的船舶缺陷整改情况进行跟踪，同时定期汇总梳理辖区阶段性船舶缺陷、处罚特点，形成通报材料，由船舶代理反馈船舶及其公司，督促举一反三，立查立改，避免类似情况重复出现。

落实船舶检验机构责任。主要通过缺陷跟踪环节，强化船检质量监督，逐渐引导验船师对中小型油船货泵舱、货物检测装置、透气系统、货物管系等部位加强关注，提高检验质量，减少风险；发现船舶重大缺陷，及时通知船检机构，必要时要求船检机构进行附加检验，涉及船检责任的，及时追求其相关责任。

落实海事监督管理责任。“六环节四反馈”的有效运行，依托的是海事内部的管控机制、执法人员的责任意识和干事创业的精神，其中现场监管环节、危货审批环节和码头巡逻反馈现场监督主要落实的是海事内部监管责任。现场监管环节主要是不断加强执法队伍建设，建立中小型油轮缺陷和风险数据库并定期进行分析培训，找出重点检查和管控环节，并强化监管。申报审批环节主要是实施船舶分类分级管理，优化静态监管信息和动态监管信息传递模式，提高监管综合性、有效性。码头巡逻反馈现场监督，主要是发挥机制“四联”作用，调动码头能动性，其发现非法违法行为及时告知海事管理机构进行处置，从而形成齐抓共管良好局面。

“六环节四反馈”中小型油船监管工作法应用以来取得多方面实效，在东营海事局面临辖区港口快速发展，吞吐量猛增，人少、事多等多方面因素的情况下，保障了东营辖区水上交通安全。

企业安全生产主体责任落实到位。到港油轮依据《代理告知书》进行进港前自查率基本达到100%，有效降低了油船非正常滞港，提升了本质安全。码头巡逻小组建设成效显著，以小区宝港国际码头为例，2018年巡逻小组查处隐患船舶91艘次，并要求11艘船舶离泊纠正，终身禁止来港船舶2艘。

到港船舶船况明显好转。到港中小型油船单船缺陷率、安检缺陷率、

船舶滞留率降幅均超过15%，到港船龄逐年降低，辖区15年以上船龄的中小型油船到港率已不足5%。

船检质量明显提升。2018年共开展中小型油轮营运船舶检验质量监督44艘次，发现船检质量问题31项，要求船舶附加检验21艘次。对提出问题的船舶，船检机构均认真对待，检验质量明显提高。

重点风险点得到有效管控。通过加强检查，引导公司/船员/验船师加强对货物区域的检查，基本保持泵舱等重点区域的每船必查，货油区域船舶自查、检验检查和海事安检的缺陷比重由原来的2.6%提升至22%。

执法队伍水平明显提升。通过定期的培训、交流以及监管风险和隐患数据库的建立，海事执法经验得到不断的积累，现场执法人员水平不断提升，为实施科学有效的现代化海事治理奠定良好基础。

4. 日照岚山海事处危险货物船舶234工作体系

日照岚山海事处坚持问题导向，深化船载危险货物安全隐患排查治理，抓牢危险货物监管“牛鼻子”，建立船载危险货物安全管理“234”工作体系：安全管理两机制、隐患治理三清单、安全监管四关口。

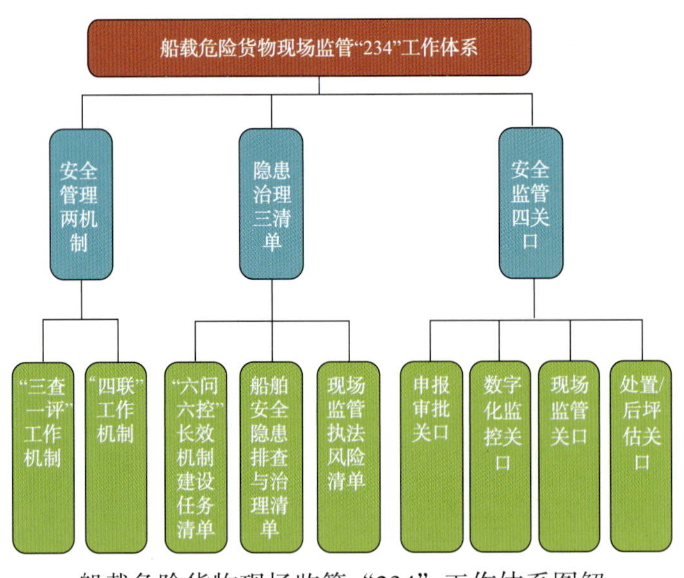

船载危险货物现场监管“234”工作体系图解

（1）建立健全2个机制，安全管理有思路。

一是建立“三查一评”工作机制。“三查一评”指查思想、查责任、查隐患和风险评估。强化“生命至上、安全第一”的思想认识，弘扬“平安是福”的理念；明确海事监管责任，促进依法全面履职，督促企业落实安全生产主体责任，强化源头管理；开展事故隐患排查治理，及时消除事故隐患；对辖区的水上交通安全开展风险评估，制定分级管控措施，有效管控各类安全风险。

二是健全船载危险货物安全管理“四联”机制。组织召开2018年船载危险货物安全管理“四联”机制工作会，凝聚船载危险货物安全管理共识，搭建“四联”机制平台。结合安全风险分级管控和隐患排查治理两个体系的构建，研究制定了《岚山辖区船载危险货物风险评估和管控工作暂行程序》《港口作业危险货物船舶安全风险评价表》等，督促企业落实主体责任，推动企业选船，形成源头管理和现场检查有效结合的管理模式，深入治理船载危险货物安全隐患和突出问题，提升到港船舶的整体状况和本质安全水平。

（2）制定落实3张清单，依法履职责任清。

一是《船载危险货物安全隐患排查治理清单》。按照“三查一评”工作要求，岚山海事处排查出危险货物船舶安全隐患12项，隐患风险点40个，制定针对性管控措施37项。通过排查，岚山辖区危险货物船舶最大的安全隐患是汽油船泵舱泄漏、导热油锅炉间火灾、溢油入海等6项。

二是《危险货物船舶现场监管执法风险隐患清单》。岚山海事处排查出现场监管方面的执法风险隐患2项，风险点2个，制定针对性管控措施或工作建议2项。

三是《落实“六问六控”监管长效机制建设任务清单》。落实风险防控理念和“六问六控”机制建设要求，结合工作实际，明确21项工作任务，制定43项工作任务分解，制定83项具体工作落实措施，将任务分解到危险货物船舶现场监管各环节。

（3）严格把控4个关口，风险管控有抓手。

在危险货物船舶现场监管链上，按照时间顺序有“四个关口”，即申报审批、数字化监控、现场监管和事故险情处置与评估。抓危险货物船舶现场监管就是紧握安全链上“四个关口”，具体落实“三个清单”122项工作措施。

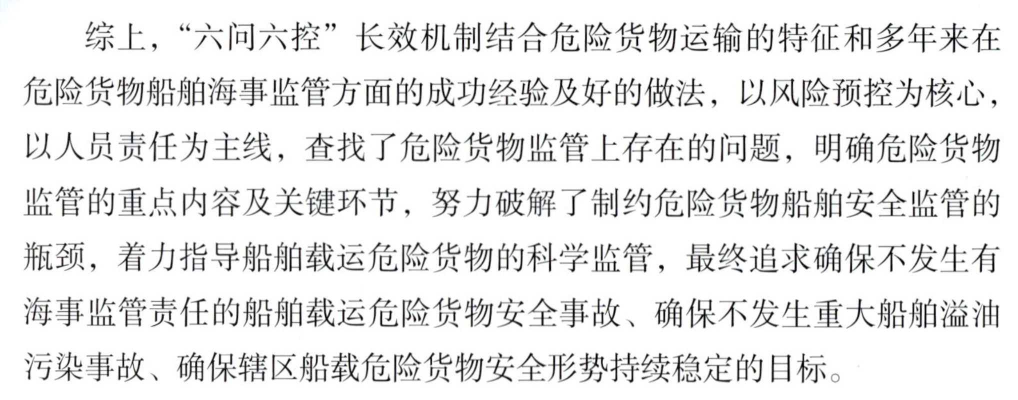

综上，“六问六控”长效机制结合危险货物运输的特征和多年来在危险货物船舶海事监管方面的成功经验及好的做法，以风险预控为核心，以人员责任为主线，查找了危险货物监管上存在的问题，明确危险货物监管的重点内容及关键环节，努力破解了制约危险货物船舶安全监管的瓶颈，着力指导船舶载运危险货物的科学监管，最终追求确保不发生有海事监管责任的船舶载运危险货物安全事故、确保不发生重大船舶溢油污染事故、确保辖区船载危险货物安全形势持续稳定的目标。

“六问六控”长效机制将涉及危险货物监管方方面面的工作分门别类、逻辑清晰地进行了优化整合，标志着山东海事局船载危险货物监管工作进入一个全新的阶段，将作为今后一段时期确保辖区船载危险货物运输持续安全的纲领性文件。

第四篇 “七严七防”
——织好恶劣气象海况“防护网”

一、山东沿海预警预防工作综述

我国是一个自然灾害、事故灾难等突发事件较多的国家，各种突发事件的频繁发生，给人民群众的生命财产造成了巨大损失。党中央、国务院历来高度重视突发事件应对工作。

《国家突发事件应对法》对突发事件的预防、应急准备、监测、预警等制度做了详细规定，明确提出重在预防，关口前移，防患于未然，从制度上预防突发事件的发生，及时消除风险隐患。《国家突发事件应对法》规定：“国家建立健全突发事件预警制度”。《国家突发公共事件总体应急预案》明确要求各地区、各部门要针对各种可能发生的突发公共事件，完善预测预警机制，建立预测预警系统，开展风险分析，做到早发现、早报告、早处置。党的十九大提出：“树立安全发展理念，弘扬生命至上、安全第一的思想，健全公共安全体系，完善安全生产责任制，坚决遏制重特大安全事故，提升防灾减灾救灾能力。”

（一）山东辖区自然气象特点

近年来，寒潮大风、风暴潮、台风、海冰等恶劣气象海况越来越频繁，造成的损失越来越严重，给海上安全监管、海上搜救应急带来了新压力，给海上预警预防工作带来了新课题。

山东沿海属暖温带季风气候，受地理环境和大气环流影响，沿海气候具有明显的区域性和季节性差异，“渤海北风多，海峡风力强；鲁北冬有冰，鲁东雾季长”。风、雾、海冰等对水上交通安全的影响较大。

山东沿海具有显著季风特点。冬季盛行偏北风，春秋为过渡季节，南北风交替出现。因狭管效应，渤海海峡及山东半岛东端风力较周围其他海区大，是山东近海的两个强风区，每年 6 级以上大风天平均在 100

天以上。成山头每年平均出现大风日数达121天，居黄渤海之冠，有中国“好望角”之称。长山水道附近海域每年大风天数约80天，冬季也是山东沿海的大风区。

山东沿海冬季季风季节，西伯利亚高压盘踞亚洲大陆，高压前缘的偏北风就成为亚洲东部的冬季风，易受西北寒潮大风影响，风向以北风、偏北风为主，强冷空气、寒潮来临时，受狭管效应影响，寒潮南下时，常风普遍可达8~9级以上，且海上通常伴有大浪、大涌，可参见表12。

山东沿海冬季大风数据统计表 表12

月份			10	11	12	1	2	3
平均风速（m/s）			7.6	8.8	9.5	9.5	8.7	7.7
6~7级风频率（%）			15	18	21	17	13	9
≥8级风频率（%）			5.3	7.5	6.7	6.5	5.8	5.2
最大风		风向	NW	NE	N	NW	N	SW
		风速（m/s）	25	29	30	32	32	37
主要风向频率	最大	风向	NW	NW	NW	NW	N	N
		频率（%）	20	22	28	29	23	18
	次大	风向	S	NW/S	NW/W	NW	NW	NW
		频率（%）	18	14	18	18	20	15
	第三	风向	NW/SW	SW	SW	W	W	W
		频率（%）	13	13	15	15	12	14

从表中可看出，山东沿海冬季8级以上大风的频率平均多达6.2%，主要集中在11月至次年1月，风向以北风和西北风为主，风力最大可达11~12级。

渤海段沿岸年平均雾日为9~13天，主要出现在11月至翌年2月；海峡地段较多，年平均雾日15~37天，以海峡中部最多。成山角至青岛一带年平均雾日在30天以上，是我国沿海多雾区域，成山头多达130天，素有“雾窟”之称。近年来，大雾天气呈明显增多趋势，日照至青岛再至威海石岛沿海实测雾日年均超过 50 天。

风暴潮方面，近年来，山东沿海共发生 3 次强风暴潮天气，分别是 2007 年 3 月、2008 年 3 月和 2013 年 5 月。2007 年 3 月 3 日至 6 日，受强冷空气和黄海气旋的影响，山东沿海经历了 1969 年以来最强的一次温带风暴潮。3 日 1600 时开始，海上风力逐渐增大，海平面上升，最大增水 260cm，海水涨幅最高时潍坊港、羊口港海平面与码头前沿几乎平齐，各地最大风力 9~13 级，浪高 6~7 米。2013 年 5 月 26 日，受气旋影响，黄海大部、渤海海峡普遍有 8~9 级大风，部分海域阵风 10~11 级，沿岸风暴潮增水达 80 厘米，黄海部分海域出现 5~6 米的巨浪。

突风方面，据历史统计，渤海湾、莱州湾在春夏季易发生突风以及强对流天气过程。如：2007 年 7 月 17 日，东营沿海海域突发大风，阵风在 11 级左右；2009 年 4 月 15 日，滨州突发强风，最高风力达 11 级，潮位 4.6 米，为同期 30 年来最高潮位；2010 年 4 月 27 日，山东北部海域突发 8~9 级大风，部分海域阵风 10~11 级；2017 年 7 月 21 日，东营、滨州海域突发强风，阵风 10~11 级。

台风方面，近十年来在山东半岛附近登陆、过境或对山东沿海造成较大影响的台风主要有：2008 年台风“海鸥”“凤凰”、2009 年台风“莫拉克”、2010 年台风“圆规”、2011 年台风“米雷”“梅花”、2012 年台风“达维”“布拉万”、2018 年台风“安比”“摩羯”“温比亚”。

海冰方面，我国渤海和黄海北部每年冬季都有海冰出现，这种结冰属于冬结春消的一年冰。在一般的年份里，冰情并不严重，仅限于近岸，但在个别年份可发生严重冰情，如 2010 年初山东沿海出现近 30 年来同期最严重的海水结冰现象，海冰最厚处达到 30~40 厘米，给海上通航安全带来严重威胁。

（二）恶劣气象海况下发生险情基本情况

山东沿海险情发生的一个明显特点是，9~12 月为险情多发期，占总数的 40%，险情数量明显高于其他季度。

大风天险情情况：风力在 7 级及以上时共发生船舶（商船）自沉险情 14 起，共 131 人遇险，56 人死亡失踪，沉没的 14 艘船舶长度全部小于 100 米，总吨绝大多数在 3000 以下，其中载运砂石的船舶 8 艘；大风天发生船舶走锚险情13起，共有181人遇险。

大雾天险情情况：在能见度不良条件下共发生商船之间、商船渔船之间碰撞险情8起，共造成92人遇险，13人死亡失踪。

风暴潮险情情况：2007年3月3日至6日特大风暴潮过程，导致山东沿海接连发生10起船舶险情，共造成11艘船舶和154人遇险；2013年5月26日风暴潮过程，山东沿海接连发生多起险情，共造成3艘船舶46人遇险。

突风险情情况：2007年7月17日，渤海湾海域突发大风，接连发生险情4起，共致4艘船舶90余人遇险；2009年4月15日，滨州沿海突发强风和风暴潮，在滨州港套尔河5号灯浮附近有10艘未及时返港的渔船遇险，其中4艘渔船因大风浪触碰挡浪坝遇险沉没，共33名渔民在海上遇险；2010年4月27日，因突发强风接连发生险情10起，其中渔船险情7起，商船险情3起，共79人遇险，其中68人获救11人死亡失踪；2017年7月21日，滨州、东营海域因突风发生险情3起，共致3艘船舶16人遇险。

二、“七严七防”长效机制构建路径

通过矩阵分析，确定七严措施及七防重点。在系统分析险情、事故数据和恶劣气象海况的基础上制定七严措施，包括落实责任、精准预警、禁航限航、动态监控、值班响应、交通组织和评估提升。

同时突出防控的重中之重，针对7个重点准确实施预防和应对措施。一是针对辖区客运航线多、客运船舶多，客运安全风险高的特点，把“防客船冒险航行”作为防范重点；二是根据辖区险情事故相关数据统计，将“防大风天小船自沉、防大雾天船舶碰撞、防大风天船舶走锚”作为防范重点；三是针对强对流天气、突风难以准确预报，发展快、破坏力大的特点，易造成船舶进水、自沉等重大险情事故的发生，把“防强对流、突风灾害”作为防范重点；四是针对台风、风暴潮破坏力大、易致灾，易衍生大潮位、大浪涌等恶劣海况，将“防台风、风暴潮灾害”作为防范重点；五是针对渤海湾水文气象特点和历史上曾经发生的冰冻灾害对海上交通安全造成的影响，将“防渤海湾冰冻灾害”作为防范重点。

三、“七严七防”长效机制基本内涵

针对恶劣气象海况的特点，模型的系统单元点由冒险航行、船舶碰撞、大风自沉、船舶走锚、对流突风、台风灾害、冰冻灾害组成，风险过程流包括落实责任、预警监测、禁航限航、监控研判、值班响应、交通组织、评估提升，进而产生恶劣气象海况安全监管七阶矩阵。

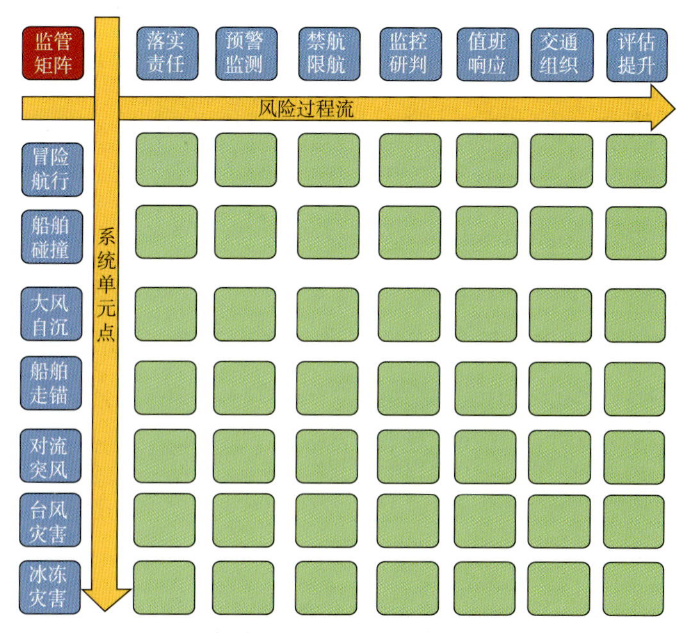

恶劣气象海况安全监管七阶矩阵

“七严七防”基本内涵如下：

恶劣气象海况是指大风、大雾、台风、风暴潮、突风和强对流天气等影响海上交通和船舶安全的气象海况。

（一）牢牢把握工作要点，严格实施预警预防和禁限航

1. 严格落实责任，强化联防联动

紧紧依靠地方党委政府加强海上交通安全综合治理，推动政府落实安全生产属地责任，强化与交通、气象、海洋、渔业等部门的联网、联防、联控、联动，构建“政府主导、各方齐抓共管、社会广泛参与”的工作格局。督促企业落实安全生产主体责任，建立恶劣气象海况预警预防工作制度，制定相应的应急预案并定期演练，强化船员的教育和

培训。严格落实安全监管责任，制定恶劣气象海况预警预防和禁限航工作制度，明确工作流程，明确事前调度、事中研判、总结评估、隐患排查等工作措施，确保预警预防和禁限航工作依法依规、流程清晰、准确高效。

2. 严格精准预警，强化信息监测

建立并完善与气象、海洋等部门间合作机制，加强信息传递和共享，及时获取、跟踪气象海况预报预警信息，综合 VTS 中心、商船等手段实时监测气象海况信息，通过多种手段准确、高效发布海上风险预警信息，增加极端气象海况时预警信息的发布频次，做到信息发布全覆盖。强化科技创新和新技术、信息化手段应用，及时准确获取、监测和传递气象海况信息，及早高效发布预警信息，提升预警能力。

3. 严格禁限航标准，强化事前调度

积极推动完善相关立法，根据相关法律、法规和预案，结合各辖区实际，推动地方政府明确辖区恶劣气象海况预警预防等级和禁限航标准，并对外公告。强化事前调度，发布海上风险预警信息后，及时通过视频调度等方式对预警预防工作进行检查部署。注重隐患排查，督促相关部门、企业主动排查本行业、本领域、本地区、本部门的安全隐患并进行整改。

4. 严格动态监控，强化事中研判

强化恶劣气象海况风险评估，对辖区气象变化趋势、海上交通态势、船舶分布等情况进行综合研判分析，把握规律、把握重点、分类分级，评估可能的风险和影响并确定针对性应对措施。加强海上动态监控，通过 VTS 中心点名等方式，对锚泊船、长期停泊船等船舶进行重点检查。强化预警或禁限航后巡查和动态监控，通过 CCTV 电子巡查、海上巡航、现场巡查等方式，检查并督促企业、船舶、船员落实预防和应急措施。

5. 严格值班值守，强化应急响应

定期调查更新辖区应急资源库，建立应急专家组，保持与专业救助力量、社会救助力量、志愿者队伍等力量的联系，掌握救助力量部署情况，加强海巡船艇应急待命，做好恶劣气象海况应急响应和处置准备。建立预警预防应急响应制度，明确预警等级及响应措施，及时启动相应等级的响应并落实响应措施。严格执行24小时值班和领导带班制度，强化应急值守和应急待命，充实值班力量，确保一旦发生险情能快速有效处置。

6. 严格交通组织，强化事后恢复

预警预防状态解除后，要对辖区交通和安全态势进行提前评估，防范涌浪等衍生海况以及交通流过于密集可能带来的风险，采取针对性措施防范发生衍生事件或次生事故。充分发挥VTS中心的作用，把握时机、把握规律，加强对辖区交通态势的全面统筹考虑，对交通流进行科学调度组织，根据通航环境和船舶特点实行差异化管理，实现船舶进出港安全最大化、效率最优化。

7. 严格总结评估，强化完善提升

强化预警预防工作总结评估，定期或在台风、寒潮大风等极端恶劣天气结束后，及时对防抗工作进行总结评估，重点对预警预防和禁限航工作标准、措施、手段和效果等进行梳理评估。总结评估分支局、海事处工作要每月组织一次，海事局总结评估每年要组织一次，通过总结评估固化经验，查找不足，持续改进和提升恶劣气象海况预警预防工作水平。

（二）牢牢把握防抗重点，准确实施预防和应对措施

1. 防客船冒险航行

严格执行省政府客滚船“逢七不开”规定。严格按照交通运输部海事局2016年1号通告要求，落实陆岛运输船、旅游船艇恶劣气象海况禁限航规定，督促落实中韩国际航线客船常风9级停航规定。以客船“五制五关”长效机制为指导，落实“七防两禁”措施，强化客运船舶动态监控，严防客船恶劣气象海况条件下冒险航行。

2. 防大雾天船舶碰撞

发挥VTS助航服务功能，加强大雾天对航道、锚地、分道通航制、险情事故多发区等水域的监控，加强交通组织和助航服务，及时提供助航信息。加大对到港船舶现场监督检查力度，加强对船员关于雾航、防碰撞、AIS设备等方面的实操性检查。开展通航秩序集中整治，优化通航环境。加强与海洋渔业部门的联动，开展商渔船防碰撞警示教育，降

低商渔船碰撞风险。

3. 防大风天小船自沉

强化大风天船长小于100米的小型船舶尤其是砂石运输船舶、载运易流态或易移位等货物船舶的动态监控，加强信息服务和安全警示，提醒注意水密及载货变化情况，及早采取安全措施，选择合适水域避风。加强对小型船舶的现场监管和检查，重点检查船舶水密性、稳性、货物装载系固、救生设备的管理。

4. 防大风天船舶走锚

注重大风天锚泊船舶安全评估，加强大风天对锚地锚泊船的监控，提醒船舶合理选择锚位和船间距，严防船舶因走锚而引发紧迫局面。加强对沿岸锚泊船的监控，建议船舶合理选择抛锚区域，防范船舶因走锚而引发船舶碰撞、搁浅、进入养殖区等险情事故。

5. 防强对流、突风灾害

密切跟踪气象变化，加强与气象、海洋部门的联系沟通，及早获取强对流、突风等气象信息，及时发布海上风险预警信息，加强气象海况实测，合理采取禁限航措施。针对强对流、突风天气预报难且移动快、瞬时风力大、易致灾等特点，制定相应的应急反应须知，强化与其他分支局间信息通报，组织开展针对性演练演习，提升应对能力。

6. 防台风、风暴潮灾害

坚持“宁可防而不来、不可来而无防”和“四早”（早安排、早部署、早检查、早落实）的防范原则，制定防台、防风暴潮专项预案。台风、风暴潮来临前要及时发布预警、明确防抗重点、全面排查摸底、加强监督检查，做到心中有数。充分考虑台风、风暴潮所带来的大风、大浪涌可能引发的险情事故，采取针对性措施和应急准备。

7. 防渤海湾冰冻灾害。

结合辖区实际制定相应的应急预案，加强多方协作，实现信息共享，共同应对冰冻可能带来的危害。加强现场巡查，及时掌握冰情并发布预警信息，科学调度，协调港口调度合理安排船舶进出港计划，确保海上交通和船舶安全。

四、"七严七防"长效机制实践应用及成效

为做好恶劣气象海况预警预防工作，各分支局把握规律，积极探索，总结形成了很多行之有效的经验和长效、特色做法，如烟台海事局建立了大风天气锚泊船舶管理八环工作法，威海海事局建立了"5+1"大风防抗机制，潍坊海事局制定了大风防抗"三到位"工作举措，东营海事局制定了船舶避风分级分类工作法，滨州海事局建立大风防抗"十步走"路径等。

（一）烟台海事局大风天气锚泊船舶管理八环工作法

大风天气锚泊船舶管理八环工作法包括：气象跟踪、预警发布、资料搜集、分类标识、安全评估、四级监控、抽查点名、应急处置八个关键环节。

1. 气象跟踪

密切关注专业气象海况预报，实时跟踪气象海况变化。

及时接收专业气象预报、海浪实况速报；实时观测 VTS 系统气象数据、渤海海峡大风实况监测；定时协调船舶实测风速风向、海浪情况。

2. 预警发布

风前预警信息发布，风中航警信息服务。

大风来临前，及时播发海上风险预警信息，提醒船舶尽早采取防抗措施。

大风影响期间，每小时至少播发一次航行安全信息，提醒锚泊船舶加强值班，采取有效措施确保安全。

3. 资料搜集

搜集记录船舶及其代理人的手机号码，询问核实船舶载货情况。

4. 分类标识

对客船、危险品船、小型货船（船长小于 100 米）分别在交通显示器上用 P、D、S 进行分类标识。

5. 安全评估

掌握锚地通航环境，评估锚泊安全状况，安排、调整锚泊位置。

熟练掌握各锚地面积、水深、底质、遮蔽、避风条件、海底光缆、

周边养殖以及锚地功能（避风、检疫、危险品以及作业等）。

准确掌控锚泊船舶数量，根据风力、风向、船舶种类、载货、船长、吃水等要素进行安全评估，安排、调整船舶到合适位置抛锚。

6. 四级监控

四级监控：当预报风力达到 7~8 级时，见表 13。

表 13

船舶尺度	船舶种类	船舶流量	锚泊位置	锚链长度	锚泊间距	应急准备
小型船舶（船长≤100米）	一般船舶	小	锚地内	≥4	＞0.23	备车，视情况松锚链或抛双锚
		部分拥挤	锚地内或外		＞0.23	
		拥挤	锚地内或外		＞0.2	
	客运船舶	小	锚地内	≥5	＞0.3	备车，视情况松锚链或抛双锚
		部分拥挤	锚地内或外		＞0.3	
		拥挤	锚地内或外		＞0.3	
	危险品船舶	小	危险品锚地	≥5	＞0.3	备车，视情况松锚链或抛双锚
		部分拥挤	危险品锚地		＞0.3	
		拥挤	危险品锚地外		＞0.3	
	限制类船舶		内锚地或避风锚地	≥5	＞0.3	松锚链或抛双锚，通知船东等
小型船舶（100米＜船长≤130米）	一般船舶	小	锚地内	≥5	＞0.3	备车，视情况松锚链或抛双锚
		部分拥挤	锚地内或外		＞0.3	
		拥挤	锚地内或外		＞0.3	
	客运船舶	小	锚地内	≥6	＞0.3	备车，视情况松锚链或抛双锚
		部分拥挤	锚地内或外		＞0.3	
		拥挤	锚地内或外		＞0.3	
		小	危险品锚地	≥6	＞0.3	备车，视情况松锚链或抛双锚
		部分拥挤	危险品锚地		＞0.3	
		拥挤	危险品锚地外		＞0.3	
	限制类船舶		内锚地或避风锚地	≥6	＞0.3	松锚链或抛双锚，通知船东

续上表

船舶尺度	船舶种类	船舶流量	锚泊位置	锚链长度	锚泊间距	应急准备
中型船舶（130米＜船长≤200米）	一般船舶	小	锚地内	≥6	＞0.35	备车，视情况松锚链或抛双锚
		部分拥挤	锚地内或外		＞0.35	
		拥挤	锚地外		＞0.35	
	客运船舶	小	锚地内	≥7	＞0.4	备车，视情况松锚链或抛双锚
		部分拥挤	锚地内或外		＞0.4	
		拥挤	锚地外		＞0.4	
	危险品船舶	小	危险品锚地	≥7	＞0.4	备车，视情况松锚链或抛双锚
		部分拥挤	危险品锚地		＞0.4	
		拥挤	危险品锚地或外		＞0.4	
	限制类船舶		锚地内或避风锚地	≥7	＞0.4	松锚链或抛双锚，通知船东等
大型船舶（船长＞200米）	一般船舶	小	锚地内	≥7	＞0.5	备车，视情况松锚链或抛双锚
		部分拥挤	锚地外		＞0.6	
		拥挤	锚地外		＞0.6	
	客运船舶	小	锚地内	≥8	＞0.5	备车，视情况松锚链或抛双锚
		部分拥挤	锚地内或外		＞0.6	
		拥挤	锚地内或外		＞0.6	
	危险品船舶	小	危险品锚地	≥8	＞0.5	备车，视情况松锚链或抛双锚
		部分拥挤	危险品锚地外		＞0.6	
		拥挤	危险品锚地外		＞0.6	

三级监控：当预报风力达9~10级时，见表14。

表14

船舶尺度	船舶种类	船舶流量	锚泊位置	锚链长度	锚泊间距	应急准备
小型船舶（船长≤100米）	一般船舶	小	锚地内	≥5	＞0.25	备车，视情况松锚链或抛双锚
		部分拥挤	锚地内		＞0.25	
		拥挤	锚地内		＞0.23	
	客运船舶	小	锚地内	≥6	＞0.3	备车，视情况松锚链或抛双锚
		部分拥挤	锚地内或外		＞0.3	
		拥挤	锚地内或外		＞0.3	

续上表

船舶尺度	船舶种类	船舶流量	锚泊位置	锚链长度	锚泊间距	应急准备
小型船舶（船长≤ 100米）	危险品船舶	小	危险品锚地	≥ 6	> 0.3	备车，视情况松锚链或抛双锚
		部分拥挤	危险品锚地		> 0.3	
		拥挤	危险品锚地		> 0.3	
	限制类船舶		内或避风锚地	≥ 6	> 0.3	松锚链或抛双锚，通知船东等
小型船舶（100米< 船长≤ 130米）	一般船舶	小	锚地内	≥ 6	> 0.3	备车，视情况松锚链或抛双锚
		部分拥挤	锚地内或外		> 0.3	
		拥挤	锚地内或外		> 0.3	
	客运船舶	小	锚地内	≥ 7	> 0.3	备车，视情况松锚链或抛双锚
		部分拥挤	锚地内或外		> 0.3	
		拥挤	锚地内或外		> 0.3	
	危险品船舶	小	危险品锚地	≥ 7	> 0.3	备车，视情况松锚链或抛双锚
		部分拥挤	危险品锚地内或外		> 0.3	
		拥挤	危险品锚地内或外		> 0.3	
	限制类船舶		内锚地或避风锚地	≥ 7	> 0.3	松锚链或抛双锚，通知船东等
中型船舶（130米< 船长≤ 200米）	一般船舶	小	锚地内	≥ 7	> 0.4	备车，视情况松锚链或抛双锚
		部分拥挤	锚地内或外		> 0.4	
		拥挤	锚地外		> 0.4	
	客运船舶	小	锚地内	≥ 8	> 0.4	备车，视情况松锚链或抛双锚
		部分拥挤	锚地内或外		> 0.4	
		拥挤	锚地内或外		> 0.4	
	危险品船舶	小	危险品锚地	≥ 8	> 0.4	备车，视情况松锚链或抛双锚
		部分拥挤	危险品锚地		> 0.4	
		拥挤	危险品锚地外		> 0.4	
	限制类船舶		内或避风锚地	≥ 8	> 0.4	松锚链或抛双锚，通知船东等

续上表

船舶尺度	船舶种类	船舶流量	锚泊位置	锚链长度	锚泊间距	应急准备
大型船舶（船长 > 200 米）	一般船舶	小	锚地内	≥ 8	> 0.6	备车，视情况松锚链或抛双锚
		部分拥挤	锚地外		> 1	
		拥挤	锚地外		> 1	
	客运船舶	小	锚地内	≥ 9	> 0.6	备车，视情况松锚链或抛双锚
		部分拥挤	锚地外		> 1	
		拥挤	锚地外		> 1	
	危险品船舶	小	危险品锚地	≥ 9	> 0.6	备车，视情况松锚链或抛双锚
		部分拥挤	危险品锚地外		> 1	
		拥挤	危险品锚地外		> 1	

二级监控：当预报风力达 11~12 级时，见表 15。

表 15

船舶尺度	船舶种类	船舶流量	锚泊位置	锚链长度	锚泊间距	应急准备
小型船舶（船长 ≤ 100 米）	一般船舶	小	锚地内	≥ 6	> 0.3	备车，视情况松锚链或抛双锚
		部分拥挤	锚地内		> 0.3	
		拥挤	锚地内		> 0.3	
	客运船舶	小	锚地内	≥ 7	> 0.3	备车，视情况松锚链或抛双锚
		部分拥挤	锚地内		> 0.3	
		拥挤	锚地内		> 0.3	
	危险品船舶	小	危险品锚地	≥ 7	> 0.3	备车，视情况松锚链或抛双锚
		部分拥挤	危险品锚地		> 0.3	
		拥挤	危险品锚地		> 0.3	
	限制类船舶		内锚地或避风锚地	≥ 7	> 0.3	松锚链或抛双锚，通知船东等

续上表

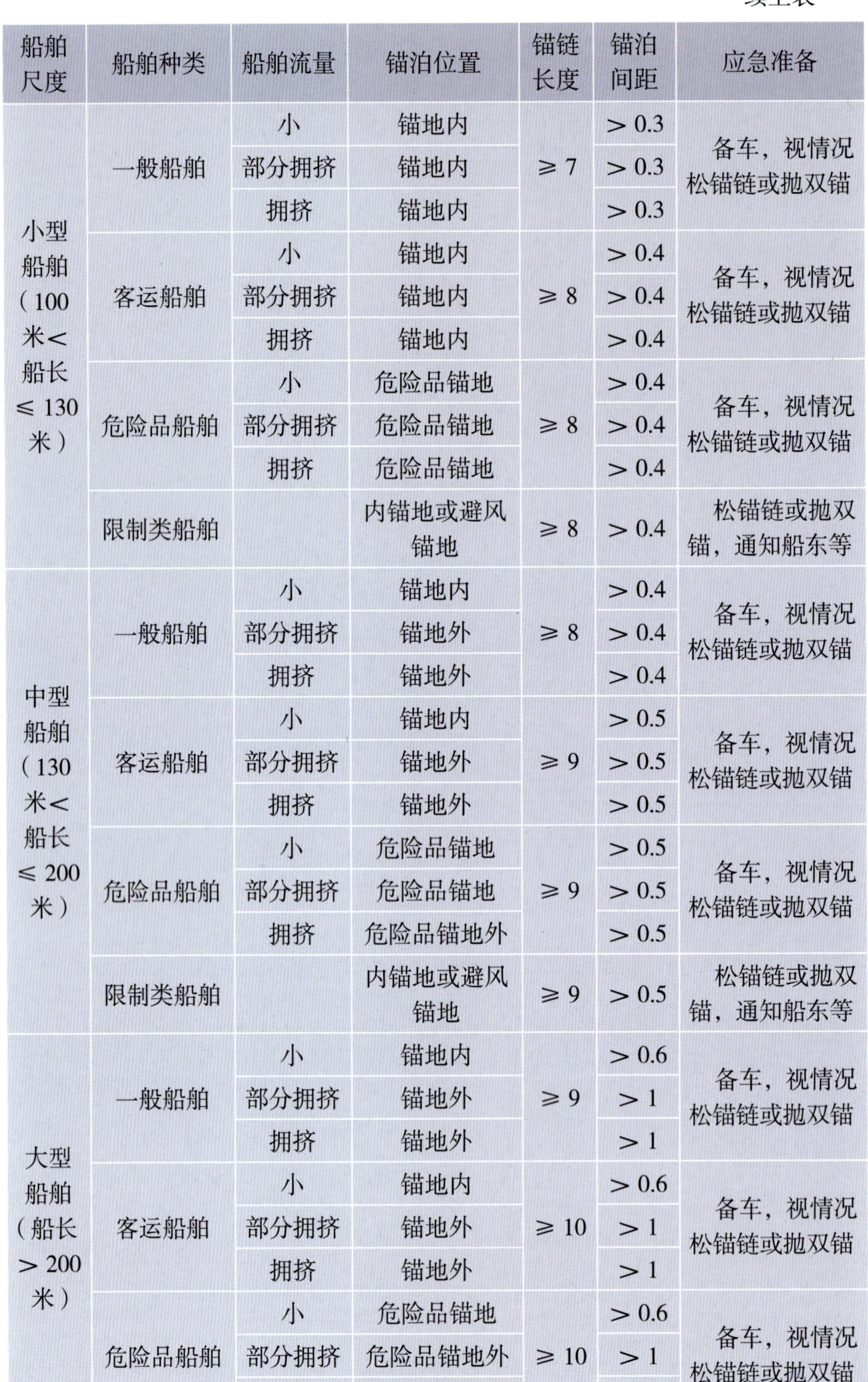

船舶尺度	船舶种类	船舶流量	锚泊位置	锚链长度	锚泊间距	应急准备
小型船舶（100米＜船长≤130米）	一般船舶	小	锚地内	≥7	＞0.3	备车，视情况松锚链或抛双锚
		部分拥挤	锚地内		＞0.3	
		拥挤	锚地内		＞0.3	
	客运船舶	小	锚地内	≥8	＞0.4	备车，视情况松锚链或抛双锚
		部分拥挤	锚地内		＞0.4	
		拥挤	锚地内		＞0.4	
	危险品船舶	小	危险品锚地	≥8	＞0.4	备车，视情况松锚链或抛双锚
		部分拥挤	危险品锚地		＞0.4	
		拥挤	危险品锚地		＞0.4	
	限制类船舶		内锚地或避风锚地	≥8	＞0.4	松锚链或抛双锚，通知船东等
中型船舶（130米＜船长≤200米）	一般船舶	小	锚地内	≥8	＞0.4	备车，视情况松锚链或抛双锚
		部分拥挤	锚地外		＞0.4	
		拥挤	锚地外		＞0.4	
	客运船舶	小	锚地内	≥9	＞0.5	备车，视情况松锚链或抛双锚
		部分拥挤	锚地外		＞0.5	
		拥挤	锚地外		＞0.5	
	危险品船舶	小	危险品锚地	≥9	＞0.5	备车，视情况松锚链或抛双锚
		部分拥挤	危险品锚地		＞0.5	
		拥挤	危险品锚地外		＞0.5	
	限制类船舶		内锚地或避风锚地	≥9	＞0.5	松锚链或抛双锚，通知船东等
大型船舶（船长＞200米）	一般船舶	小	锚地内	≥9	＞0.6	备车，视情况松锚链或抛双锚
		部分拥挤	锚地外		＞1	
		拥挤	锚地外		＞1	
	客运船舶	小	锚地内	≥10	＞0.6	备车，视情况松锚链或抛双锚
		部分拥挤	锚地外		＞1	
		拥挤	锚地外		＞1	
	危险品船舶	小	危险品锚地	≥10	＞0.6	备车，视情况松锚链或抛双锚
		部分拥挤	危险品锚地外		＞1	
		拥挤	危险品锚地或外		＞1	

一级监控：当预报风力达 12 级以上时，建议船舶到其他有避风条件的港口锚地避风。大型船舶可在锚地利用车、舵、侧推配合抗风，或在开阔海域顶风滞航抗风。

7. 抽查点名

大风期间，每班次抽查锚泊船舶值班情况及防抗措施不少于两次，每次抽测数量不少于锚泊船总量的五分之一。

8. 应急处置

及时发现走锚险情，快速做出应急处置。

当船舶发生走锚险情时，VTS 值班员应立即通过甚高频或电话通知走锚船舶，要求其立即采取处置措施（处置措施包括开车顶风或重新抛锚，小型船舶建议抛双锚等），同时通知其下风船舶提早采取应对措施，并密切监控处置效果。

当锚泊船舶出现危及船舶或船员生命安全的险情时，VTS 值班员应立即报告搜救值班员，并配合做好相关工作。

（二）威海海事局“5+1”大风防抗机制

“5”指的是“五早”，早研判、早部署、早预警、早响应、早督查。

“1”指的是严格一套防抗工作链：

1. 气象跟踪

指挥中心值班长、各海事处科学监管中心指挥人员通过威海气象专业台，每日 0600 时、1600 时接收专业气象预报。当预报海上风力达 7 级及以上时，大风来临前通过辖区海巡船、过往商船对辖区各港区、各锚地、威海北部、成山头、石岛以东及东南等重点水域实测风力情况。

2. 预警发布

指挥中心值班长接收专业气象预报后，根据《威海海事局海上风险预警预防及应急响应工作程序》，以威海市海上搜救中心名义及时发布相应等级海上风险预警，并将预警信息通过传真、网站、新闻媒体对外发布。指挥中心值班长录制 VHF 语音预警信息，启动 VHF 语音定时播发系统，提醒船舶注意检查封舱、货物系固绑扎，加强值班等事项。各海事处科学监管中心指挥人员立即向各自辖区相关单位、船舶转发市海上搜救中心预警信息，承担当地搜救中心办公室职能的海事处同时向所属搜救中心

各成员单位转发预警信息，各海事处通过动态指挥系统及时反馈风险预警落实情况，并将《海上风险预警信息落实表》及时报送至指挥中心。

3. 资料搜集

指挥中心值班长收集锚泊船、各港口客船、危险品船、无动力船舶、中小型船舶等船舶资料。船舶资料主要包括船舶名称、停靠（锚泊）位置、船舶或代理联系电话、船长、吃水、载货载客情况、停航计划（客船）等信息，相关信息记录在《大风期间重点船舶信息记录簿》上。

4. 安全评估

一是当发布海上风险蓝色预警时，指挥中心、各海事处及执法支队，对气象资料、预警发布等情况自行进行评估，排查确定重点关注区域及船舶。二是当发布海上风险黄色预警信息后，各业务部门、海事处和海巡执法支队参加视频调度会，共同对全局重点关注区域及船舶进行排查确定，统筹调度全局资源，为船舶避风提供服务；具体流程：各海事处科学监管中心组织人员评估辖区锚泊船、客船、危险品船、无动力船舶、中小型船舶等重点船舶的避风情况，明确是否适宜在其辖区避风并将需要威海海事局统筹调度通航资源的情况报指挥中心；VTS 中心对有动态控制责任的威海港、锚地、VTS 区域的锚泊船、客船、危险品船、无动力船舶、中小型船舶等重点船舶开展评估；各业务部门对各海事处、VTS 中心评估情况进行审核，汇总形成《重点船舶安全评估表》。评估结束后，指挥中心值班长负责指挥落实《重点船舶安全评估表》，按照属地原则，通知各海事处科学监管中心指挥落实相关事宜。各海事处通过“动态指挥系统”移动端以文字、照片等形式反馈任务执行情况。

5. 动态管控

指挥中心值班长、海事处科学监管中心指挥人员按照《威海市港口禁限航管理规定》和《威海辖区中韩客货班轮恶劣天气禁限航工作专题会议纪要》要求实施客船禁限航。指挥中心值班长、各海事处科学监管中心指挥人员按照分工要求不定期对锚泊船、长期停航船点名抽查一次，对点名抽查中发现值班不到位船舶实施重点动态监控。

6. 现场监管

各海事处科学监管中心指挥人员根据安全评估情况派出执法人员针

对高风险船舶，提高现场巡查、提升现场检查频次。海巡执法支队及各海事处在大风来临前，对锚地、港区等高风险水域船舶加强海上巡航执法。各海事处、海巡执法支队及时通过“动态指挥系统”移动端及时以文字、照片等形式反馈任务执行情况。

7. 指挥监督

指挥中心值班长对全局所有正在进行的防抗大风、预警落实等执法任务的派发、执行、反馈情况进行协调和监督，按类别、级别、单元进行汇总和分析。海事处科学监管中心及时查看派发任务执行情况。

8. 应急处置

当确认船舶发生走锚险情时，VTS 值班人员报告值班长，值班长通过甚高频或电话通知走锚船舶，要求其采取处置措施，同时通知其下风船舶提早采取应对措施。当锚泊船舶出现危及船舶或船员生命安全的险情时，指挥中心值班长组织开展搜救行动。各海事处科学监管中心、海巡执法支队按照指令，配合做好搜救应急行动。

9. 风后疏导

大风过后，及时了解涌浪等信息，VTS 中心控制锚泊船的起锚间隔，规范有序安排避风船舶起锚续航；通过 VHF 及时通报辖区当前商渔船信息，提醒船舶遵守避碰规则，注意航行安全。VTS 中心和有动态控制职责的海事处加强船舶进出港动态控制工作。

10. 总结提升

大风过后，梳理大风恶劣气象防抗期间各工作环节的落实与衔接、应急处置等情况，及时修订工作机制。

（三）潍坊海事局大风防抗“三到位”工作举措

1. 风前预警到位

（1）根据山东省海洋气象台预报信息情况，尽量提前 24 小时发布海上大风预警信息。

（2）按照“四级预警三级响应”要求，红色预警信息全局启动一级响应，黄色预警信息全局启动二级响应，蓝色预警信息全局启动三级响应，提前安排局领导及中层干部值班表。

（3）根据 WindyTV、天气在线预报信息情况及电话询问潍坊气象局

情况，掌握大风具体起风时间。

（4）根据三个港口《大风预警期间港口船舶安排及防控措施表》分析的禁限航时间，初步确定禁限航时间，风起前5小时前执行限航（只进不出），风起前3小时执行禁航。

（5）将禁限航时间告知两海事处及各港口调度部门。通知各港口调度安排港作拖轮提前做好应急待命准备，提前合理安排好船舶进出港计划，鉴于辖区无避风锚地的现实情况，提前通知未能在风起前到达辖区进港避风的船舶不要开航，避免顶风冒险开航的情况出现。

（6）黄色以上预警信息，提前通知到港口调度部门做到“两清空”：24#–25# 泊位清空、锚地清空，建议船舶到合适的避风锚地进行避风。

（7）黄色及以上预警信息，提前电话通知到辖区各施工单位、欢乐海旅游公司提前安排好大风防抗工作。

（8）在接到省海上搜救中心红色、橙色预警后，3小时内将《海上风险预警信息落实情况报告表》报送山东海事局指挥中心，在接到省海上搜救中心黄色预警后，6小时内将《海上风险预警信息落实情况报告表》报送山东海事局指挥中心。省海上搜救中心办公室发布黄色级别及以上预警期间的每日0730时，1630时和2100时填写附表《海上风险预警预防信息反馈表》报山东海事局指挥中心。

2. 风中检查到位

（1）大风预警信息滚动播发，根据山东气象台和潍坊气象台最新预报进行播发，每次至少播发三次以上。

（2）抽查码头船舶值班和接收气象信息情况，至少抽查天丰公司、寿光港、中港区各一条船舶并做好记录。

（3）抽查锚地船舶值班情况，提醒加强值班避风因走锚而出现险情事故。

3. 风后总结到位

（1）根据山东省海洋气象台、潍坊气象局、天气在线及WindyTV等天气预报信息情况，掌握风力减弱具体时间，解除禁限航措施，解除措施按照“先进后出”的原则执行。

（2）解除禁限航要征求各海事处意见，并通知到各海事处。

（3）及时总结大风防抗工作中存在的问题，固化好的经验做法。

（四）东营海事局船舶避风分级分类工作法

东营海事局结合东营辖区各海域实际避风效果，科学指导辖区各个种类，各个吨位船舶根据风力不同采取抛锚避风、进港避风等不同避风措施。通过统计分析，将辖区船舶主要避风区域分为防波堤内水域、锚地、烂泥和港区外宽阔水域，通过对大风辖区船舶避风和事故情况综合分析，分别得出了不同风级下不同尺度和种类船舶的避风建议。

（1）当预报风力达到 7 至 9 级时，要求辖区除大马力拖轮外的油田作业船舶进港或到黄河口烂泥锚地避风，其他船舶需进入东营港、广利港防波堤内或在锚地等开阔水域抛锚避风，在中海油码头、万通 2 万吨级码头等防波堤外泊位作业的船舶须至少在预报起风前 3 小时离泊并驶往避风地点。

（2）当预报风力达到 9 级以上。胜利油田、中海油大马力拖轮可视情况在开阔水域或烂泥锚地锚泊避风，3 万吨级以上的油轮可视情况在危险品锚地锚泊避风。除上述船舶外的辖区其他所有船舶必须进入东营港或广利港防波堤内避风，不能进港避风的船舶建议离开东营辖区寻找避风地点。

（3）结合码头实际的特殊要求。宝港国际码头由于靠近防波堤堤头，对东北风的避风效果不佳，当发生东北风 7 级以上的大风时，宝港国际码头作业船舶也需离泊避风。

由于东营海域底质以淤泥、粉砂质底为主，锚爪抓力小、容易走锚，且锚泊船如长时间不起锚容易使锚爪陷入淤泥导致丢锚。针对这种情况，东营海事局建立了锚泊船点名制度，大风天气时定时对辖区所有锚泊船通过 VHF 进行点名，提醒锚泊船采取有效措施防止走锚，并定时起锚、抛锚，防止丢锚。每两次点名之间时间间隔不超过 3 小时。

（五）滨州海事局大风防抗“十步走”路径

“十步走”指的大风前、大风中、大风后三个阶段的十个工作程序：

1. 大风前

（1）与气象部门建立了合作机制，密切关注气象动态，及时接收气象预报。

（2）通过甚高频广播、短信、传真、微信群和登轮等多渠道发布大风预警信息。

（3）统计计划来港、本港锚地、施工作业区、航道、码头靠泊船舶情况，研判气象形势和本港避风能力。

（4）调度计划来港船暂缓来港或途中避风，锚地船舶进河或离港避风，码头船舶靠泊或离泊避风，小船河内锚泊、大船海上锚泊，统计列明避风船舶坐落情况。

（5）通报应急值班人员做好值守，备好码头和船代联系方式，了解应急救助船舶动态，做好应急准备。

2. 大风中

（6）跟踪气象动态，通过气象部门或在港船舶获取实时气象海况信息，视情况及时调整预警级别并实施禁限航措施。

（7）点名抽查船舶落实船舶值班、安全船距保持等情况。

（8）检查海事处值守值班情况，一旦发生险情，及时核实并组织各方力量迅速就近救助。

3. 大风后

（9）先疏散外围，后疏散中间，避免相邻船舶同时起锚或离泊，涨潮前空船提前出港，高潮时重船优先进港。

（10）根据需要进行必要的总结和评估，改进步骤和方法。

（六）预警预防工作成效

2000 年以来，山东海事局坚持“防救结合、以防为主”和“防胜于救”的海上搜救理念，牢牢把握“四重一关键”安全监管规律，落实“四级预警、三级响应”制度，扎实做好预警预防工作。自 2009 年开始，连续 10 年开展冬季“四防一禁”（防大风、防火灾、防碰撞、防冰冻，恶劣天气禁限航）专项行动和“山东海上安全警示日”活动，制定并实施《山东海事局预警预防应急响应程序》和《山东海事局防雾抗台工作指南》。联合气象、安监部门在石岛建立气象预警信息发布平台。重点抓好海上安全公益宣传、社会教育、专业防控等各个环节工作，结合辖区实际印制致渔民朋友一封信、渔船安全警示海报、中小型船舶冬季大风防抗指南、社会公众海上安全避险知识手册，并向社会公众免费发放达 30 余万份，成功防抗 70 余次寒潮、风暴潮等灾害天气及台风等。山东海事局承担省海上搜救中心办公室工作职能以来，共发布海上风险黄色预警236期，先后成功处置“世纪之光”和“海盛”轮碰撞46人遇险、朝鲜籍“JUNGSAN”轮进水自沉23人遇险、采油作业平台“胜利作业三号”滑桩36人遇险等多起重特大险情，共组织海上搜救行动2207次，成功救助17147人（平均每天救助3人）、船舶1501艘（平均每月救助船舶7艘），人命救助成功率94.8%。

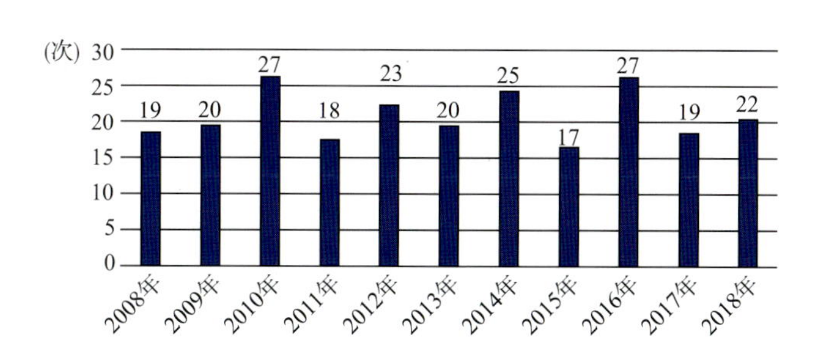

海上风险黄色以上等级预警发布情况

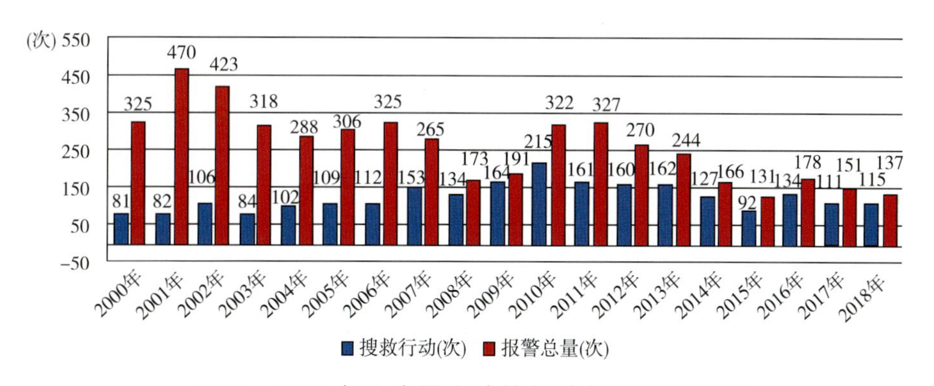

2000—2018年山东沿海险情与搜救行动趋势图

科学实施恶劣气象海况预警预防和禁限航工作，对保持辖区安全形势持续稳定，防范事故险情发生起到了明显的作用。自2010年以来，山东沿海险情数量总体呈下降趋势，2018年发生险情115起，比2010年215起下降46%。

1. 成功防抗2007年温带特大风暴潮

2007年3月3日，国家海洋局发布风暴潮和海浪红色紧急警报，山东省沿海普遍出现80~350厘米的温带风暴增水，其中渤海湾出现150~250厘米的风暴增水，莱州湾出现200~350厘米的风暴增水。山东

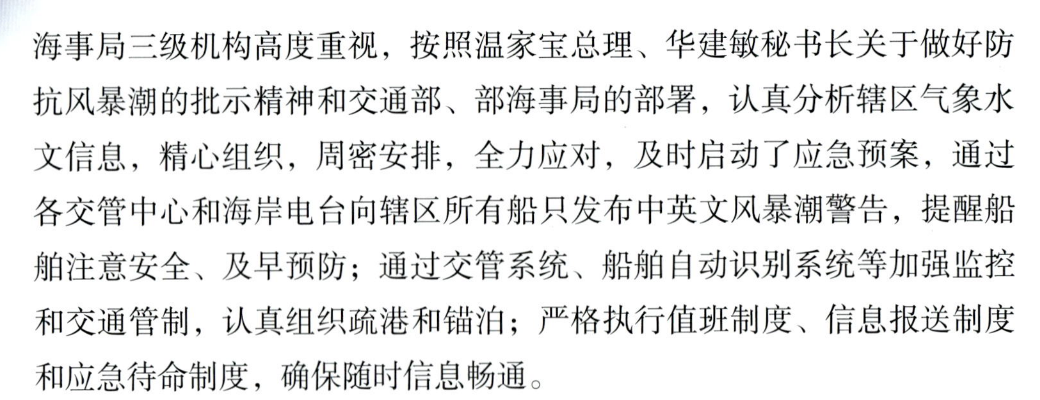

海事局三级机构高度重视，按照温家宝总理、华建敏秘书长关于做好防抗风暴潮的批示精神和交通部、部海事局的部署，认真分析辖区气象水文信息，精心组织，周密安排，全力应对，及时启动了应急预案，通过各交管中心和海岸电台向辖区所有船只发布中英文风暴潮警告，提醒船舶注意安全、及早预防；通过交管系统、船舶自动识别系统等加强监控和交通管制，认真组织疏港和锚泊；严格执行值班制度、信息报送制度和应急待命制度，确保随时信息畅通。

3 日 1600 时开始，山东沿海风力逐渐增大、海平面上升，海水涨幅最高时潍坊港、羊口港海平面与码头前沿几乎平齐，各地最大风力 9~13 级，最大增水 260cm，导致 10 起船舶险情接连发生。山东海事局在组织抢救过程中，广大干部职工坚守岗位，主要领导亲自带班指挥，调动 20 余艘船舶参与救助。经过近 40 小时的艰苦奋战，10 起险情均得到有效控制，遇险的 10 艘船舶及其 154 人无一艘沉没，无一人死亡。

2. 成功防抗 2012 年第 15 号强台风“布拉万”

2012 年 8 月 27~28 日，第 15 号强台风“布拉万”影响山东沿海，黄海中部和北部风力达到 11~12 级，阵风 13~14 级；渤海海峡 9 级阵风 10~11 级；渤海 7 级阵风 8~9 级；威海和烟台沿海 9 级阵风 11~12 级。山东海事局继续坚持“以人为本，科学防台”的工作方针，高度重视，全面预警，强化值守，切实做到“宁可防而不来、绝不来而无防”。自 27 日 1500 时起，山东海事局全局进入一级应急响应状态，先后向沿海各市政府以及各成员单位下发了海上风险黄、橙色预警信息。一是加强对客运船舶的管理，严格落实“逢七不开”等规定；二是加强在港锚泊船舶监控，严防因大风引发船舶走锚等险情；三是加大对沿海旅游船、客渡船、施工作业船、砂石运输船监管力度，确保台风影响前所有水工建设项目、施工船、旅游船、客渡船及早停工避险；四是通过 VHF、AIS 等手段强化信息服务，做好渔港、渔船、海上养殖看护船（点）的防风工作，确保把海上风险预警信息落实到每一条船、每一个人。五是建立辖区抛锚避风船舶联系档案，确保随时联系到船舶、船东、代理等相关单位。

在山东沿海安排专业救助船 6 艘、救助直升机 3 架，社会船舶 60 余艘做好应急救援准备，共出动执法人员 594 人，执法车辆 71 台，各类应急待命船艇 103 艘，确保做到万无一失。台风影响期间，山东沿海共有 1245 艘商船舶在码头靠泊或海上抛锚避风，其中客（旅游）船 547 艘、危险品船 128 艘、施工船 278 艘，未发生险情事故，实现了山东海事局防抗台风工作“三个确保”的既定目标（确保不发生人员死亡，确保不发生危险品船舶重大事故，确保内部安全无事故）。

3. 成功处置“4·15”滨州系列渔船险情

2009 年 4 月 15 日凌晨，滨州辖区沿海突发强风暴潮，最高风力达 11 级，潮位 4.6 米，为同期 30 年来最高潮位，10 艘未及时返港的渔船遇险，造成 4 艘渔船沉没，33 人被困险船。

接报后，山东海事局按照山东省委省政府、中国海上搜救中心领导的批示要求，第一时间协调北海第一救助飞行队派出“B-7312”、“B-7313”飞机前往救助，协调北海救助局派出“北海救 195”轮赶往现场进行救助。经全力救助，遇险渔民全部获救，救助行动圆满结束。

4. 成功处置 2018 年“8.15”系列险情

2018 年 8 月 15 日，受第 14 号台风“摩羯”残留云系影响，山东省北部及渤海湾海域经历了一次突风、强风天气。15 日 1100 时许，北部及渤海湾海域风力逐渐增大，常风在 7 级以上，阵风约为 11 级，该海域接连发生 7 起较大等级以上险情。

15 日 0830 时许，烟台长岛祥隆水运有限公司所属滚装客船“和航兴龙”轮在烟台大钦岛靠泊码头时受突风影响进入养殖区，船舶推进器被养殖架缠住失去动力，船上 284 人（其中船员 15 人、载客 269 人）；15 日 1200 时许，广州建功船务有限公司所属“建功 66”轮载运铝矾土在东营附近海域锚泊时走锚有倾覆危险，船上共 14 人；15 日下午，“天供10”轮（船上10人）、“青港驳01”轮（船上2人）在东营港附近海域遇险，“长安78”轮（6人）在黄河口附近海域进水，1无名养殖渔船（船上4人）在潍坊港失去动力遇险，“兴达777”轮（船上4人）在滨州港附近海域锚泊避风时船舶进水遇险。

事发后，交通运输部、山东省委省政府领导高度重视，杨传堂书记、李小鹏部长，刘家义书记、龚正省长等领导同志对救助工作做出指示批示，要求全力以赴做好救助工作，确保人民生命安全。山东省海上搜救中心立即启动应急响应，常务副主任、山东海事局局长袁宗祥，副局长王海宇24小时在指挥中心指挥救助，李家坤副局长连夜带队赶赴现场并登上“和航兴龙”轮指挥救援。救助过程中，省市县三级海上搜救中心加强协调联动、争分夺秒，各成员单位紧密联系、密切配合，先后协调派出专业救助船“北海救119”“北海救115”“北海救201”“北海救101”轮“德满”轮等船舶5艘，专业救助直升机“B-7309”、“B-7313”5架次，协调派出专业潜水员5名，协调多艘渔船、旅游客船参与救援和应急待命，协调社会力量“胜利281”“海洋252”“海洋石油642”“润海241”轮等多艘船舶参与救援。在现场救援中，三级搜救中心充分听取专业救助力量和遇险船船长的建议，同时结合现场和气象海况实际，科学制定救援方案，保障了每起险情的快速有效处置。经三级海上搜救中心全力协调配合救援，至8月16日0700时，7起险情全部得到妥善处置，遇险的324人全部安全获救。

后 记

金秋时节，《我们的探索——山东海事科学监管“4567”》编写组的同志们历时5个月的时间，把山东海事多年来在探索构建安全监管长效机制上的一些思考和实践做法进行了梳理汇编，结集成册。在书稿即将付梓出版之际，忆及1998年的金秋十月，时任交通部部长黄镇东宣布中国海事局成立，明确海事的中心工作是加强水上交通安全管理。回首我们20年发展历程，山东海事人殚精竭虑、不负韶华，有效履行职责使命，维护了山东沿海海上安全形势持续稳定。限于时间、资料和篇章结构，书稿的内容虽未能反映山东海上安全监管工作的历史全貌，但安全监管长效机制的建设始终凝聚着几代人的不断探索和创新作为。一代人有一代人的奉献，前人栽树、后人乘凉，这是大家接力奋斗的结晶。在此，也借这本书稿，向已经离开山东海事现职岗位的老领导和同事们，向在各级各部门岗位上默默奉献、担当作为的同志们致以崇高的敬意和真挚的感谢！

新时代、新起点。20年来，山东海事先后经历“政企分开”“一省一监”“离事归政”等重大改革，在组织体系、人力资源、装备手段上实现了跨越式发展，为我们在新的历史起点上更有效地履行安全监管职能奠定了坚实的保障。目前，基本形成8个分支局、29个海事处的行政组织框架；在职职工总数从初期1026人，学历程度较低，执法人员不到1/3，发展到目前的1577人，本科以上学历人员比例超过80%（博士9人、硕士451人），执法人员比例占90.8%，在职党员占职工比例达75%，人才队伍年龄结构日趋合理、综合素质显著提升；拥有各类执法船艇53艘，业务用房15.4万平方米，建成溢油应急设备库3个，工作船码头10个，VTS升级为“25站5中心”，沿海VTS监管链基本形成，“四全一快”的现代化监管体系基本构建；全局固定资产达22.7亿元，较建局初期增长了15倍。

新征程、新作为。历经20年发展，我们拥有比过去更好的时代条件和现实基础，我们必须始终牢记安全工作只有起点，没有终点，始终牢记“三个不能过高估计”，始终以归零的心态，抓好海上安全监管工作。今年是改革开放40周年，也是水监体制改革20周年，本书的编写就是期望通过对多年来科学监管机制的持续探索和实践做一个小结，让全局干部职工把其作为我们开启新征程、展现新作为的新起点，重整行装再出发，勇于实践，创新作为，奋力推进海事治理体系和治理能力现代化，继续谱写海洋强国、交通强国建设的山东海事新篇章。

本书绪论部分由彭德洋、张向上、李玮、沈明磊执笔，第一篇由赵耀、魏明辉、王宪辉执笔，第二篇由段爱斌、陈希锋、李中执笔，第三篇由李玮、李红星、张保国执笔，第四篇由赵耀、魏明辉、王宪辉执笔，全书统稿工作前期由彭德洋、沈明磊负责，后期由刘波、张向上、李玮、王敏宁、沈明磊负责。本书编写过程中也得到了全局广大干部职工的大力支持，在此一并表示感谢。